失敗から学ぶ[実務講座シリーズ] 12

税理士が見つけた!

本当は怖い アパート経営の 失敗事例 34

TOHOSHOBO

［ はじめに ］

　辻・本郷 税理士法人は全国66箇所（2020年11月現在）に事務所があり総勢1500人の組織です。多くの法人・個人のお客様の会計及び税務の書類作成、税務関係の申告書の作成を行っています。また、相続税・贈与税の申告業務や事業承継のコンサルティングの業務を行っています。

　個人のお客様の確定申告は11,027件（2019年度）行っており、その中でも不動産所得についての申告依頼が最も多くなっております。確定申告を依頼される場合、別の税理士の先生から弊社に移られる方もいますが、多くはこれまでお客様ご自身で手書きの申告書を作成されていた方が、ご自身で申告作業をすることが難しくなったので弊社にご依頼いただくことが多くあります。

　確定申告を拝見すると、税法の適用誤りや解釈の間違いなどにより、税金を払いすぎているケースや、逆に本当の税金よりも少なく払っているケースに出会います。

　実はこの企画は2年前から話はあったのですが、なかなか執筆を進めることができず、延び延びとなっておりました。

そんな中、2020年は新型コロナウィルスが経済へ大きな影響を与えることとなりました。国や地方自治体では、個人事業主や中小企業への給付金支給制度等様々な支援策が講じられました。しかし、残念ながらアパート経営者への支援策は十分とは言えません。

　そんな中だからこそ、アパート経営に関する税務の基本を知っていただき、基本を知らないがために損をしてしまうことが無いようにこの本を書き上げました。

　この本は、アパート経営の開業から、税務署への届出、資金調達、不動産の取得時にかかる税金、毎年の確定申告、そして、最も相談の多い修繕費か資本的支出かの判定、更に、家賃を滞納された場合の取り扱いなど、アパート経営のポイントを網羅的に書いています。

　やはり成功事例よりも失敗事例からのほうが多く学ぶことができると思います。
「なぜ失敗したのか」、「どうしたら失敗を防げたのか」、「他の方法はなかったのか」等の失敗事例を是非自分のこととして認識していただき、同じ過ちを繰り返さないでいただければ本書の意義があるかもしれません。

　なお、本書の事例は、個人を特定されないよう事実に基づき脚色を加えた形でご紹介していることを申し添えます。

辻・本郷 税理士法人

理事長　徳田孝司

はじめに ……………………………………………… 2

〈事例01〉 **開業前の領収書の保存** …………………… 8

〈事例02〉 **一括払いの火災保険料** …………………… 11

〈事例03〉 **開業時に必要な届出** ……………………… 14

〈事例04〉 **ローン返済方法の選択** …………………… 24

〈事例05〉 **表面利回りと実質利回り** ………………… 31

〈事例06〉 **不動産の登記と抹消** ……………………… 36

〈事例07〉 **印紙税がかかる文書** ……………………… 43

〈事例08〉 **不動産取得税の軽減措置** ………………… 49

〈事例09〉 **土地と建物の区分方法** …………………… 55

〈事例10〉 **物件購入時の支出と処理** ………………… 59

〈事例11〉 **固定資産税の納税義務者** ………………… 64

〈事例12〉 **減価償却の開始時期** ……………………… 70

〈事例13〉 **建物の減価償却方法** ……………………… 76

〈事例14〉 **建物の取得価額か必要経費か** ……………… 82

〈事例15〉 **備品・車両等の償却方法を変更** ………… 87

〈事例16〉 **中古資産の耐用年数** ………………………… 93

〈事例17〉 **法人と個人の違い(減価償却)** …………… 98

〈事例18〉 **相続物件の減価償却** ………………………… 101

〈事例19〉 **相続物件の償却方法** ………………………… 105

〈事例20〉 **修繕費か資本的支出か** ……………………… 110

〈事例21〉 **個人事業の交際費の範囲** …………………… 119

〈事例22〉 **アパート建築中のローン利息** ……………… 122

〈事例23〉 **資金繰り目的のローンの利息** ……………… 127

〈事例24〉 **青色申告者となる要件** ……………………… 130

〈事例25〉 **青色申告の申請期限** ………………………… 137

〈事例26〉 **青色申告の65万円控除** …………………… 148

〈事例27〉 **赤字の繰り越し** ……………………………… 155

〈事例28〉 **家族に払う給与** ………………………………… 160

〈事例29〉 **分譲マンションの修繕積立金** ………………… 165

〈事例30〉 **加算税・延滞税** ………………………………… 170

〈事例31〉 **勤め先への住民税の通知** ……………………… 176

〈事例32〉 **給与所得との損益通算** ………………………… 182

〈事例33〉 **半年滞納された家賃の扱い** …………………… 187

〈事例34〉 **共有名義のアパートの預金通帳** ……………… 191

01

開業前の領収書の保存

準備のために使った支出の記録は保存しておくと、
開業費として経費処理できる

事例

　昨年4月からアパート経営を始めました。

　今年、初めての確定申告ということもあり、税理士の先生に相談したところ、開業費としてアパート経営を始める準備段階の費用も必要経費として処理できるということを知りました。

　4月以前の不動産購入費用やリフォーム費用など金額の大きい領収書は当然残っているものの、不動産会社の従業員との飲食代や物件を探し回ったときの交通費などの細かい領収書や記録は残っていません。

　あらかじめ知っていればしっかりと管理できたのに、残念でなりません。

失敗の ✕ ポイント　アパート経営を始めようと思った時点から（常識的には古くても数ヶ月前）、その準備のために使った支払いの記録は、とりあえず全て保存し、何の目的で使った支出か明確にわかるようにしておくべきでした。

［解説］

　開業前の準備などに使ったお金で一定の要件を満たしたものについては、「開業費」として必要経費にできます。個人事業の場合は、事業を始めようと決めた日（常識的には古くても数ヶ月前）から開業日までの間にかかった「開業準備のために特別に支出した費用」が開業費の対象になります。

　開業準備のために特別に支出した費用とは、例えば、印鑑・名刺の作成費、入居者募集のための広告宣伝費などもそうです。この他、物件を下見した際の交通費や、不動産関係者との打ち合わせのための飲食費なども含みます。

　領収書やレシートがない場合（バス代など）は、何のための支出かわかるように記録を残しておくとよいでしょう。

　また、個人事業主に限っては、これらの費用に加えて、土地建物の賃借料や通信費、従業員への給料など、経常的な（継続的な）経費も認められま

す。

　開業費となる支出は、その性格上、支出の効果が１年以上におよびます。そのため、全額をその年の必要経費とするのではなく、数年に分けて費用にしていく繰延資産として、事業開始から５年（60ヶ月）で減価償却します。

　ただし、税務上は任意償却であるため、毎年の償却ペースは自由です。節税額を増やすために支出した年に全てを償却してもかまいませんし、あるいは、赤字決算を避けるために全く償却しなくてもかまいません。

　また、５年が過ぎても未償却残高がある場合、その金額は償却費として必要経費にできます。

[図]　開業費として認められるもの

・土地建物の賃借料
・広告宣伝費
・関係者との飲食代など接待交際費
・従業員への給料
・準備のための交通費
・印鑑代
・名刺代

02

一括払いの火災保険料

一括払いの火災保険料は、
1年分を各年の必要経費に算入する

事例

　昨年アパート経営を始めました。

　従業員として働いている会社で経理をしている
こともあり、アパート経営で煩雑なお金の出入り
があるわけでもないため、確定申告を含め経理全
般を自分でできるだろうと考えていました。開業
費は経費にできることを知っていたため、アパー
ト経営を始める前に火災保険料（30年）を一括で
支払い、昨年分の確定申告の際に開業費として申
告しました。

　しかし、先日、税務署から間違いを指摘されて
しまいました。

**失敗の
ポイント**

一括で支払った火災保険の保険料
は、契約後に未だ提供されていない継
続的なサービスに対して先払いしてい
る費用——前払費用です。そのため、
保険料は各年分の必要経費に算入しま
す。

[解説]

　開業費に当てはまるのは、開業準備のために特別に支出した費用であり、
支出の効果が1年以上にわたる費用であるものです。

　ただし、土地や建物など資産を取得した費用や、一括払保険料などの前
払費用は当てはまりません。

　長期契約分を一括で支払った火災保険の保険料は、契約後に未だ提供さ
れていない継続的なサービスに対して先払いしている「前払費用」に当た
ります。

　そのため、開業費には含まず、1年ずつ契約期間の各年分の必要経費に
算入していきます。

※この保険は長期火災保険の掛捨て型に加入した場合の事例です。なお地
震保険料も同様に必要経費とすることができます。

積立型の火災保険に加入した場合

　長期総合保険（保険期間が3年以上で、かつ、その保険期間満了後に満
期返戻金を支払う保険契約）、建物共済などで、積立部分のある損害保険料

についても注意が必要です。

　保険料は保険期間の経過に応じて損金に算入されますが、長期総合保険等で満期返戻金や解約返戻金が支払われる保険の場合、支払った保険料を全額経費とすることはできません。

　そこで、長期総合保険契約の保険料のうち、積立部分の保険料は保険期間満了または保険契約の解除もしくは失効のときまでは積立保険料として資産に取り扱うものとしています。

　支払った保険料のうち積立保険料の部分とその他の部分の金額区分は、保険料払込案内書、保険証券添付書類等により区分されています。

[図]　前払保険料の期間配分

	支払保険料	支払保険料のうち、翌年以後分	支払保険料のうち、積立金
1年契約	損害保険料		
1年超の契約 （保険料掛捨て型）	損害保険料	前払保険料	
1年超の契約 （満期返戻金・解約返戻金あり）	損害保険料	前払保険料	保険積立金

　賃貸建物の建築費用を銀行から借入した際、火災保険料分も含めて借入し火災保険料を支払った場合も同様です。この場合の注意点として支払利息のうち火災保険料の借入金に対応する金額を必要経費にできます。

　しかし全額経費とすることができるわけではありません。加入した火災保険料の種類により必要経費にできる金額、できない金額があります。

03

開業時に必要な届出

開業したら期限内に然るべき届出をしなければならない

事例

　アパート経営をしていた夫が亡くなり、事業を妻である私が引き継ぐことになりました。税務署や税理士さんに相談に行く時間も無かったことから、自分で調べたところ所得税の準確定申告や青色申告承認申請書の提出が必要とわかり、ネットでの情報を基に申告書や青色承認申請書を作成しました。

　作成した申告書や申請書を税務署に提出しようとしたところ、準確定申告書や青色承認申請書だけでなく、夫の「個人事業者の死亡届出書」、「個人事業の開業・廃業等届出書」の作成・提出も必要であると言われました。申告書や申請書を提出するだけで良いと思っていたので資料や印鑑は税務署に持参しなかったため、その場で記入・提出ができませんでした。

各届出書の用紙は持ち帰ったものの書き方がい
まひとつわからず、結局再度税務署に足を運び記
入方法等を教えていただき提出しました。まさか
こんな手続きも必要だったなんて考えもせず、思
わぬところで時間を取られてしまいました。今後
もこのようなことがあるかと思うと心配です。

**失敗の
ポイント**

　家族の相続に伴う個人事業の引き継
ぎに当たっては、税務署や事業を行っ
ている都道府県や市区町村に提出する
届出書が複数あるので注意が必要で
す。自身での調査や書類作成には自ず
と限界があります。忙しい方であれば
なおのこと、自力での作業にこだわら
ず専門家に相談してください。

　事例のように、あまり時間をかけた
くないと思ってしたことが裏目に出
て、かえって時間がかかってしまう場
合も少なくありません。個人事業主の
相続が発生したら、まずは専門家（税
理士事務所等）への相談をお勧めしま
す（相談の中で、所得税だけでなく、相
続税の申告についても話が聞ける場合
があります。ぜひ前向きに検討してみ
てください）。

［解説］

◎「個人事業の開業・廃業等届出書」

　アパート経営を事業的規模で始めたときには、開業の日から１ヶ月以内に納税地の税務署に提出します（事業的規模は貸家５棟またはアパート10室以上の保有が目安）。

　期限に遅れても特に罰則はありませんが、初年度から青色申告を考えていた場合は認められず、白色申告から始めることになります。

［図１］　「個人事業の開業・廃業等届出書」の見本

◎「所得税の青色申告承認申請書」

青色申告者（事例24参照）として確定申告をしようとする場合に、納税地の税務署に提出します。

提出期限は、原則、承認を受けようとする年の3月15日まで。その年の1月16日以後に開業した場合には、開業の日から2ヶ月以内に提出します。

［図2］ 「所得税の青色申告承認申請書」の見本

◎「青色事業専従者給与に関する届出書」

　青色申告者（事業的規模）が家族に給与を支払い、その給与額を必要経費に算入したいときに提出します。

　提出期限は、その給与を必要経費に算入しようとする年の3月15日まで。その年の1月16日以後に開業した人や新たに専従者がいることとなった人は、それらの日から2ヶ月以内です。

[図3]　「青色事業専従者給与に関する届出書」の見本

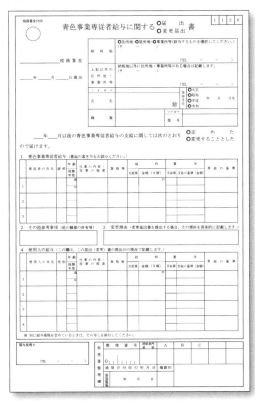

◎「所得税の減価償却資産の償却方法の届出書」

　個人事業主が建物の附属設備や構築物、備品、車両などの償却方法を選ぶ場合には、「減価償却資産の償却方法の届出書」を納税地の税務署に提出します（附属設備とは、電気・ガス・給排水・空調設備などのこと。構築物とは防壁、駐車場のアスファルト舗装、花壇などのこと）。

　提出期限は、開業した年の翌年3月15日まで。附属設備や構築物の償却方法については、何も届出をしなければ自動的に「旧定額法」または「定額法」となります（事例15参照）。

［図4］　「所得税の減価償却資産の償却方法の届出書」の見本

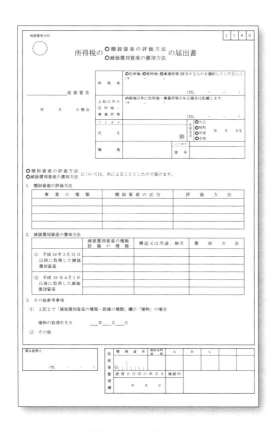

◎「源泉所得税の納期の特例の承認に関する申請書」

　源泉所得税（支払った所得から源泉徴収をした所得税）は、原則として徴収した日の翌月10日が納期限です。

　これを年2回にまとめて納付する特例制度を受けたい場合には、納税地の税務署に提出します（1月から6月までに支払った分は7月10日、7月から12月までは翌年1月20日）。

　この申請は、給与の支給人員が常時10人未満である源泉徴収義務者が対象となります。

［図5］　「源泉所得税の納期の特例の承認に関する申請書」の見本

◎「消費税課税事業者選択届出書」など

　消費税の免税事業者が課税業者になることを選択した場合に提出します。期限は、適用を受けようとする課税期間の初日の前日まで（適用を受けようとする課税期間が事業を開始した日の属する課税期間である場合には、その課税期間中）です。

※消費税関連の届出については、図7を参照のこと。

[図6]　「消費税課税事業者選択届出書」の見本

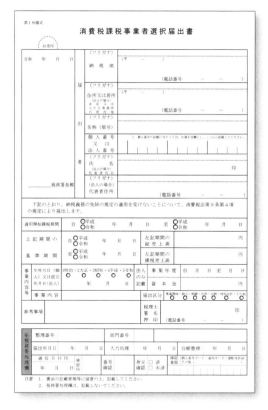

【課税事業者の選択】

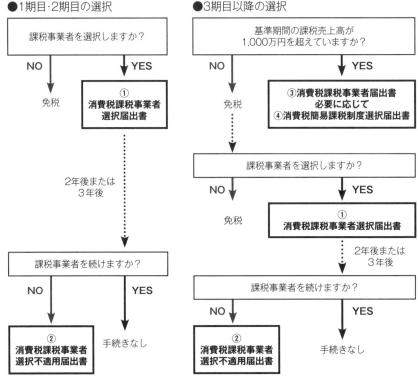

●1期目・2期目の選択

課税事業者を選択しますか？

NO → 免税

YES ↓
① 消費税課税事業者選択届出書

2年後または3年後

課税事業者を続けますか？

NO ↓
② 消費税課税事業者選択不適用届出書

YES → 手続きなし

●3期目以降の選択

基準期間の課税売上高が1,000万円を超えていますか？

NO → 免税

YES ↓
③消費税課税事業者届出書
必要に応じて
④消費税簡易課税制度選択届出書

課税事業者を選択しますか？

NO → 免税

YES ↓
① 消費税課税事業者選択届出書

2年後または3年後

課税事業者を続けますか？

NO ↓
② 消費税課税事業者選択不適用届出書

YES → 手続きなし

※基準期間とは、前々事業年度をいう。
※開業後1年目・2年目は基準期間がないため、原則免税事業者となる。
※開業して賃貸用マンション・アパート等を建築または取得した場合、課税事業者選択届出書を提出することにより、提出した課税期間から課税事業者となり、消費税の還付を受けられる場合があります。ただし、2020年の税制改正により2020年10月以降は住宅の貸付用建物についてはその適用ができません。また、課税事業者を選択した場合2年間または3年間は継続しなければなりません。

[図7] 各種届出の期限

各種届出書	届出が必要な場合	届出期限
①消費税課税事業者 選択届出書	免税事業者が課税事業者になることを選択しようとするとき ※届出後2年間は継続しなければならない。	課税期間の開始する日の前日まで （新設立法人は設立事業年度末日）
②消費税課税事業者 選択不適用届出書	課税事業者を選択していた事業者が免税事業者に戻ろうとするとき	選択をやめようとする課税期間の初日の前日まで
③消費税課税事業者 届出書	基準期間における課税売上高が1,000万円超となったとき	速やかに提出
④消費税簡易課税制度 選択届出書	簡易課税制度を選択しようとするとき ※届出後は2年間は継続しなければならない。	適用課税期間開始の前日まで （新設法人は設立事業年度末日）

04

ローン返済方法の選択

元利均等返済のメリットとデメリットを理解しておく

アパート経営者です。

12年前にリーマン・ショックの影響もあり地価が下がっていたことから、おもいきって土地を購入し、賃貸アパートを建設しました。当時、手持ちの資金があまりなく、低金利だったこともあり、頭金なしで銀行ローンを組みました。銀行ローンの返済方法が元利均等返済と元金均等返済の2種類がありましたが、前者の方が月々の返済金額が一定で、かつ返済開始当初の返済額が後者よりも少額であったことから、前者を選びました。

そのように慎重に準備したつもりでしたが、初めてのことで賃貸アパート経営に一抹の不安を抱いていたのも事実です。しかし、当初は満室で順調に推移しており、資金繰りも気にすることがな

かったため安心していました。ところが、最近駅近くの好立地に新しいアパートがどんどん建設されてきたため、ここ数年は賃貸の募集をかけてもすぐに埋まらない場合が多く、空室のままで1年以上経過する期間が度々あります。そのような中で、少しずつ資金繰りが厳しくなってきました。

　困り果てて大家さん仲間の友人に相談したところ、ローンの返済方法が原因の一つになっているのではないかと指摘されました。

**失敗の
ポイント**
　金融機関から融資を受ける際には、金利（タイプ、利率）などの他に、その返済方法についても理解しておくべきです。一般的な返済方法である「元利均等返済」は、毎月の返済額が一定であることや、他の方法（元金均等返済）に比べて毎月の返済額が少なくて済むという長所があります。

　ただし、何事にもメリットとデメリットがあります。他の経営リスクも理解したうえで、長期にわたるキャッシュフローを考えておくべきでした。

ローンの返済方法には、主として「元利均等返済」と「元金均等返済」の2種類があります。

　元利均等返済とは、元金と利息の合計（返済総額）を、返済期間（月）で均等割りして返済する方法です。メリットは、毎月の返済額が一定で、もう1つの「元金均等返済」よりも毎月の返済額が当面は少なくなることです。

　さらに、毎月の返済額の内訳を見ると、当初はその大半が利息部分の返済になるのが特徴です。

　ローンの利息部分は、毎年の必要経費に算入できるので、その分だけ節税でき、手元のキャッシュに余裕が生まれるのもメリットです。

　デメリットは、同じ融資額なら元金均等返済よりも返済期間が長くなり、返済総額が増えてしまうことです。

　一方の、元金均等返済は、元金を返済期間で均等割りしたうえで、その時点で残っている元金に対して利息を加えます。

　メリットは、元金の返済が進むとその分にかかる利息も減りますから、毎月の返済額はどんどん少なくなっていくこと。また、元利均等返済と比べると、同じ融資額なら返済期間が短くなり、返済総額も少なくなります。

　デメリットは、当初は毎月の返済金額が最も多くなるので、開業後の資金に余裕がなくなることです。

[図1] ２つの返済方法の図

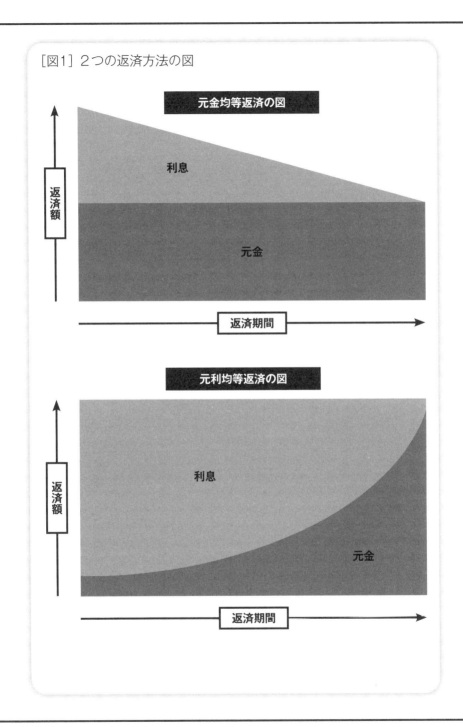

元金均等返済の図

返済額

利息

元金

返済期間

元利均等返済の図

返済額

利息

元金

返済期間

[図2] 2つの返済方式のシミュレーション例

※前提条件

·物件価格:1億円
·借入金　:1億円
·頭金なし
·固定金利:1.5%
·返済期間:30年

1．元金均等返済

		返済総額	122,562

借入金	100,000	利率	1.5%	返済回数	360

(単位:千円)

回数	元金	元金均等利息	元本返済額	返済額	元本残金
1	100,000	125	278	403	99,722
12	96,944	121	278	399	96,666
60	83,611	105	278	382	83,333
120	66,944	84	278	361	66,666
180	50,278	63	278	341	50,000
240	33,611	42	278	320	33,333
300	16,944	21	278	299	16,667
360	278	0	278	278	0
合計		22,562	100,000	122,562	

(単位:千円)

1．元金均等返済

1回目の返済金額（借入金利息含む）	403

返済金額計	100,000
借入金利息計	22,562
合計返済金額 （借入金利息含む）	122,562

2．元利均等返済

	返済総額	124,243

借入金	100,000	利率	1.5%	返済回数	360

(単位：千円)

回数	元金	元利均等利息	元本返済額	返済額	元本残金
1	100,000	125	220	345	99,780
12	97,563	122	223	345	97,340
60	86,531	108	237	345	86,294
120	71,776	90	255	345	71,521
180	55,873	70	275	345	55,598
240	38,732	48	297	345	38,436
300	20,257	25	320	345	19,938
360	345	0	345	345	0
合計		24,243	100,000	124,243	

(単位：千円)

2．元利均等返済	
1回目の返済金額（借入金利息含む）	**345**

返済金額計	**100,000**
借入金利息計	**24,243**
合計返済金額 （借入金利息含む）	**124,243**

さて、事例のケースのように、元利均等返済でローンを組んだ場合には、開業して10年を経過してくると利息部分の返済が減ってきて、その先は「元金部分」の返済になっていきます。

　そうなると、毎年の必要経費に算入できる部分がなくなるので、その分、課税所得が増えて所得税が上がり、手元のキャッシュが減ってしまいます。

　またそのころ、月々の返済額についても元利均等返済の方が元金均等返済よりも多くなってきますので、資金繰りがより厳しくなってきます。

　問題はまだあります。そのころになると、アパート経営には逆風となる要因——修繕費、空室、家賃下落、減価償却費の減少——といった三重苦、四重苦が露わになってきます。

　そのときのために、当面は手元に多く残るキャッシュを積み立てておく必要があるのですが、頭ではわかってはいるけれども、つい使ってしまう大家さんが多いようです。

　この話は、この後も何度か解説します。

事例 05

表面利回りと実質利回り

表面利回りだけで判断するのは
「捕らぬ狸の皮算用」

事例

友人が本業でアパート経営をしており、常々アパート経営のメリットの説明を受けており、だんだんと自分もその気になってきました。

不動産会社で営業マンに相談したところ、「ちょうどいい物件がありますよ」と年利10％の物件を紹介され、この機を逃すまいとアパート経営を始める決心をし、購入しました。

しかし、実際に始めてみると、思ったよりもほとんど利益が出ず、捕らぬ狸の皮算用だったと、後悔しました。

**失敗の
ポイント**

アパート経営を始める前に、表面利
回りと実質利回りの違いを理解してお
くのは最低限の話です。
　また、実質利回りについても、アパー
ト経営が「事業」である以上、「何もせず
に安定収入が得られる」などと楽観的
に考えるべきではありませんでした。

[解説]

　安定収入がある、節税になる、知識も要らない……といった利点が強調
されがちなアパート経営ですが、それが事業である以上、当然ながらリス
クもあります。

　例えば、修繕費、家賃の下落、空室の増加、金利の上昇、災害、事故物件
化……などなど。

　アパート経営の長所として語られている部分も、何の勉強も工夫もせず
にそのまま真に受けていては、かりに新築当初は好調でも、いずれ大やけ
どをします。

　アパート経営を始める際の最低限の了解事項として、表面利回りと実質
利回りの違いがあります。

　表面利回り(グロス)とは、年間家賃収入を物件購入価格で割ったもので
す。

《表面利回り ＝ 年間家賃収入 ÷ 物件の購入価格 × 100》

例えば、「表面利回り10％以上」をうたう物件があったときには、その物件に投資した金額に対して毎年10％以上のリターンが見込めるということです。

　アパート経営を思いついたときに、まず期待してしまうのがこの表面利回りですが、この算式には大事な要素が抜けています。

　アパート経営には、取得時にも保有時にも様々なコストがかかりますから、それを加味したのが実質利回りです。

《実質利回り
＝（年間家賃収入－保有時の経費）÷（物件の購入価格＋購入時の経費）
　×100》

[図] 表面利回りと実質利回りの試算例

購入条件	
土地	40,000千円
建物	60,000千円
借入金	100,000千円
返済方法	元金均等
金利	1.50％
賃貸収入（月額）	550千円
賃貸収入（年額）	6,600千円
不動産取得税他	2,400千円

経費	金額
修繕積立金	600千円
不動産管理手数料	300千円
固定資産税	1,020千円
水道光熱費	60千円
保険料	60千円
修繕費	120千円
借入金利息（初年度で計算）	125千円
年間合計	2,285千円

表面利回り	6.60%

6,600千円÷100,000千円＝0.066＝6.60％

実質利回り	4.21%

(6,600千円－2,285千円)÷(100,000千円＋2,400千円)
＝(4,315千円)÷(102,400千円)＝0.042138≒4.21％

　計算例を見ると、表面利回りと実質利回りとでは、期待できるリターンが違うことがわかります。

　さらに、重要なことは、この実質利回りは保証されているわけではなく、その時々で変わってくるということです。

　空室が増えるかもしれない（満室を前提として考えてはいけない）、家賃を下げざるを得ないかもしれない（周辺の家賃相場との比較を適切に行う）、あるいは大規模な修繕が必要になるかもしれません。

　大家さんのやり方次第で、収益は全く変わってきます。

　また、この表面利回りと実質利回りの違いを理解できれば、正しい選択をできるかというとそうではありません。

　例えば、東京のような大都市圏か地方都市の物件かによって、利回りの

考え方は大きく変わってきます。一般的に、地方都市の物件は価格が安く利回りが高くなる傾向にありますが、人口減少による空室リスク、経年劣化による大規模修繕のリスクの可能性は否定できません。一方、大都市圏の物件は価格が高く利回りが低くなる傾向がありますが、人口減少による空室リスクも低いため、安定した収入が期待できるかもしれません。

　重要なキーワードの一つである「利回り」だけでも様々な角度から検討する必要がありますが、このようなことに無頓着でアパート経営を始めてしまう大家さんは少なくありません。

　そして、失敗してしまう。

　そもそも何もしなくてずっと安定的にお金が入ってくるわけがないのです。

不動産の登記と抹消

抵当権設定登記は、ローン完済後に
自分で抹消手続きをする必要がある

事例

　首都圏にワンルームを3部屋、地方都市にアパート1棟、計4物件のアパート経営をしていました。管理の煩わしさから物件を集約したいと考え、新たな優良物件を探しつつ、売却の準備をしていました。

　しかし、いざ売却の売買契約という段階で落とし穴がありました。購入時にローンを組んでいたため、抵当権設定登記をしましたが、ローン完済後に抵当権抹消手続きをすることを知らず、売却の際に買主から不審がられてしまいました。

　購入の際には、不動産会社の紹介で司法書士もおり、銀行からの要請で抵当権設定をしましたが、ローン完済後は自分で抵当権抹消手続きをする必要があったらしいです。

今回は、売買契約が延期となり、抵当権抹消登記が完了したことを確認してからとなりましたが、おかげで買い替え物件の購入タイミングを逃してしまいました。

**失敗の
ポイント**

抵当権設定登記は、貸手である金融機関から融資実行の条件として確認を受けるので漏れることはありませんが、ローン完済後の抵当権抹消登記については金融機関が面倒を見てくれるとは限らないため、抹消手続きを忘れないように自分で注意する必要がありました。

 ［解説］

　取得した土地や建物を登記するときにかかる税金を登録免許税といいます。登記とは、権利関係などを公示するために法務局に備える登記簿に記載することです。

　登録免許税は、

・所有移転登記……売買、贈与、相続のとき（売買の場合は買主が負担するのが一般的）

・保存登記……新築のとき

・抵当権設定登記……ローンを組むとき

――などの場合に課税されます。

税額の計算は次の式で行います。

・土地及び建物＝《課税標準（固定資産税評価額）×税率》

・抵当権＝《課税標準（債権額）×税率》

税額を算出する基準となる金額は、実際の価格ではなく、自治体ごとに定めている固定資産税評価額となります（固定資産税評価額とは、固定資産税（事例11参照）を納めるための基準となる評価額のこと）。

それぞれの登記にかかる税率は図1の通りです。

ただし、登録免許税には、各種軽減措置があります。図1を参照のうえ、計算例も確認してください。

[図1] 登録免許税の税率表

1）不動産の登記（主なもの）

（1）土地の所有権の移転登記

内容	課税標準	税率	軽減税率（措法72）
売買	不動産の価額	1,000分の20	令和3年3月31日までの間に登記を受ける場合1,000分の15
相続、法人の合併又は共有物の分割	不動産の価額	1,000分の4	―
その他（贈与・交換・収用・競売等）	不動産の価額	1,000分の20	―

（2）建物の登記

内容	課税標準	税率	軽減税率（措法72の2〜措法75）
所有権の保存	不動産の価額	1,000分の4	個人が、住宅用家屋を新築又は取得し自己の居住の用に供した場合については「2 住宅用家屋の軽減税率」を参照してください。
売買又は競売による所有権の移転	不動産の価額	1,000分の20	同上
相続又は法人の合併による所有権の移転	不動産の価額	1,000分の4	―
その他の所有権の移転（贈与・交換・収用等）	不動産の価額	1,000分の20	―

（注）課税標準となる「不動産の価額」は、市町村役場で管理している固定資産課税台帳の価格がある場合は、その価格です。市町村役場で証明書を発行しています。
固定資産課税台帳の価格がない場合は、登記官が認定した価額です。不動産を管轄する登記所にお問い合わせください。

2）住宅用家屋の軽減税率

内容	課税標準	軽減税率	備考
住宅用家屋の所有権の保存登記（措法72の2）	個人が、令和4年3月31日までの間に住宅用家屋を新築又は建築後使用されたことのない住宅用家屋の取得をし、自己の居住の用に供した場合の保存登記	1,000分の1.5	登記申請に当たって、その住宅の所在する市町村等の住宅用家屋証明書を添付する必要があります。なお、登記した後で証明書を提出しても軽減税率の適用を受けられませんので注意してください。
住宅用家屋の所有権の移転登記（措法73）	個人が、令和4年3月31日までの間に住宅用家屋の取得（売買及び競落に限ります。）をし、自己の居住の用に供した場合の移転登記	1,000分の3	同上
特定認定長期優良住宅の所有権の保存登記等（措法74）	個人が、令和4年3月31日までの間に認定長期優良住宅で住宅用家屋に該当するもの（以下「特定認定長期優良住宅」といいます。）を新築又は建築後使用されたことのない特定認定長期優良住宅の取得をし、自己の居住の用に供した場合の保存又は移転登記（一戸建ての特定認定長期優良住宅の移転登記にあっては、1,000分の2となります。）	1,000分の1	同上
認定低炭素住宅の所有権の保存登記等（措法74の2）	個人が、令和4年3月31日までの間に、低炭素建築物で住宅用家屋に該当するもの（以下「認定低炭素住宅」といいます。）を新築又は建築後使用されたことのない認定低炭素住宅の取得をし、自己の居住の用に供した場合の保存又は移転登記	1,000分1	同上
特定の増改築等がされた住宅用家屋の所有権の移転登記（措法74の3）	個人が、令和4年3月31日までの間に、宅地建物取引業者により一定の増改築等が行われた一定の住宅用家屋を取得する場合における当該住宅用家屋に係る所有権の移転登記	1,000分1	同上
住宅取得資金の貸付け等に係る抵当権の設定登記（措法75）	個人が、令和4年3月31日までの間に住宅用家屋の新築（増築を含む。）又は住宅用家屋の取得をし、自己の居住の用に供した場合において、これらの住宅用家屋の新築若しくは取得をするための資金の貸付け等に係る抵当権の設定登記	1,000分1	同上

（注）　上記の軽減税率の適用を受けるには、床面積が50平方メートル以上であることや、新築又は取得後1年以内の登記であること等一定の要件を満たす必要があります。

引用：国税庁HP

3) 登録免許税の計算例

（事例1）

オフィスビルを購入（売買）した場合の登録免許税（所有権の移転登記）

①取得価額　　　　　　土地　1億円　　　家屋　3,500万円

②固定資産税評価額　土地　7,200万円　家屋　3,000万円

（計算）

①	土地　7,200万円×15／1,000＝108万円
②	家屋　3,000万円×20／1,000＝60万円
③	合計　108万円＋60万円＝168万円

（事例2）

マイホーム（家屋の床面積120㎡、築後経過年数10年）を購入（売買）した場合の登録免許税（所有権の移転登記）

①	取得価額　　　　　　土地　5,000万円　家屋　600万円
②	固定資産税評価額　土地　3,600万円　家屋　600万円

（計算）

①	土地　3,600万円×15／1,000＝54万円
②	家屋　600万円×3／1,000＝1.8万円
③	合計　54万円＋1.8万円＝55.8万円

　また、個人が相続・遺贈により土地の所有権を取得した場合にも免税措置があります。例えば、被相続人がその前の相続で取得した土地の所有権移転登記を行う前に死亡したとき、令和3年3月31日までに当該被相続人を名義人とする所有権移転登記については登録免許税を課されません。その他にも、少額の土地を個人が相続等により取得した場合は、一定の条

件のもと登録免許税が免税になるなど、相続登記がより確実に行われるような税制上の措置がなされています(図2)。

軽減措置・免税措置は時限措置になりますが、適用する旨の記載や申請が必要な制度(図2に詳細が記載されています)もありますので、条件を満たす場合は適用漏れがないか気をつけたいところです。

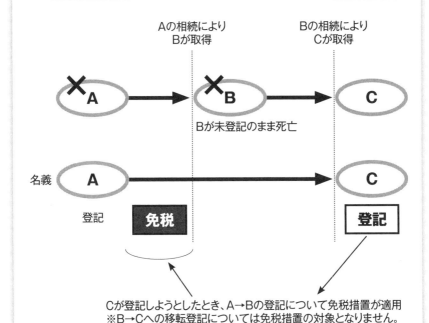

[図2] 登録免許税の免税措置

1 相続により土地を取得した個人が登記をしないで死亡した場合の登録免許税の免税措置(令和3年3月31日まで)

登記の種類	本則税率	特例
相続による土地の所有者の移転登記	1,000分の4	免税

Aの相続により
Bが取得

Bの相続により
Cが取得

✕A → ✕B → C

Bが未登記のまま死亡

名義　A ────────────→ C

登記　免税　　　　　　登記

Cが登記しようとしたとき、A→Bの登記について免税措置が適用
※B→Cへの移転登記については免税措置の対象となりません。

2　少額の土地を相続により取得した場合の登録免許税の
　　免税措置（令和３年３月31日まで）

登記の種類	本則税率	特例
相続による土地の所有者の移転登記	1,000分の４	免税

要件……当該土地が市街化区域外の土地で、市町村の行政目的のた
　　　　め相続登記の促進を特に図る必要があるものとして、法務
　　　　大臣が指定する土地のうち、その登録免許税の課税標準と
　　　　なる不動産の価額が10万円以下のもの。
指定の概要は法務局のHPに掲載されています。詳しくは管轄の法
務局にお問い合わせください。

※上記１、２の免税を受けるには、登記の際申請書への法令の条項
　の記載が必要です。相続登記の登録免許税の免税措置について
　は、「租税特別措置法第84条の２の３第１項（上記２の場合は、第
　２項）により非課税」と申請書に記載してください。記載がない場
　合は、免税措置は受けられません。

参考：国税庁HP・法務局HP

事例

07 印紙税がかかる文書

契約書のコピーに署名捺印をすると、
その書類にも印紙税がかかる

事例

　先日、知人からマンションを購入しました。売買契約書には印紙を貼る義務があると知っておりましたが、原本作成を１部だけにすることにより、印紙税を節税できるという話を聞きました。そこで、取引当日には売買契約書を一部だけ作成し、印紙を貼り署名捺印を行いました。もう１部は、署名捺印前の契約書をコピーして保存することにし、結果的に印紙税を半分ずつ負担することになりました。ところが後日、コピーをした契約書にも署名捺印をしたところ、そちらにも収入印紙を貼らなければいけないことがわかりました。

失敗の ポイント コピーに署名捺印をすると、コピーが契約の成立を証明する目的で作成された文書として認められるため、その書類にも印紙税がかかることになります。

 [解説]

印紙税とは、課税文書に対してかけられる税金です。

課税文書とは、「不動産の売買契約書」や「建築工事の請負契約書」、「金銭貸借契約書」などです。これには「仮契約書」、「念書」、「覚書」なども含みます。

ただし、建物の賃貸借契約書には課税されません。

印紙税は、基本的には所定の額面の収入印紙を購入し、それを課税文書に貼り付けることで納付します（印章または署名での消印をする）。

収入印紙を貼付するのは、契約書を作成した人ですが、額面が大きい場合、印紙税の負担もバカになりません。そこで、契約書の原本は１部だけ作り、残りはコピーをとって、当事者同士で費用を分け合うケースもよくあります。

なお、収入印紙を貼らなかった（印紙税を納めなかった）ときはその印紙税額の３倍に当たる過怠税が、また、決められた方法によって消印しなかったときには２倍に当たる過怠税が徴収されます。ただし、その場合でも契約書の中身が無効になるわけではありません。

アパート経営に関係する印紙税の税率は図１の通りです。

　なお、不動産の譲渡や建設工事の請負に関する契約書にかかわる印紙税には軽減措置があります。

[図1] 印紙税の一部（アパート経営に関係するもの）

○消費貸借に関する契約書（金銭借用証書等）

契約金額	印紙税額
1万円未満	非課税
10万円以下	200円
50万円以下	400円
100万円以下	1千円
500万円以下	2千円
1千万円以下	1万円
5千万円以下	2万円
1億円以下	6万円
5億円以下	10万円
10億円以下	20万円
50億円以下	40万円
50億円超	60万円

※契約金額の記載のないもの200円

[図2] 不動産の譲渡に関する契約書に係る
　　　 印紙税の軽減措置

【平成26年4月1日～令和4年3月31日】

契約金額	印紙税額
1万円未満	非課税
50万円以下	200円
100万円以下	500円
500万円以下	1千円
1千万円以下	5千円
5千万円以下	1万円
1億円以下	3万円
5億円以下	6万円
10億円以下	16万円
50億円以下	32万円
50億円超	48万円

※契約金額の記載のないもの200円

［図3］建設工事の請負に関する契約書に係る印紙税の軽減措置

【平成26年4月1日〜令和4年3月31日】

契約金額	印紙税額
1万円未満	非課税
200万円以下	200円
300万円以下	500円
500万円以下	1千円
1千万円以下	5千円
5千万円以下	1万円
1億円以下	3万円
5億円以下	6万円
10億円以下	16万円
50億円以下	32万円
50億円超	48万円

※契約金額の記載のないもの200円

08

不動産取得税の軽減措置

不動産取得税の軽減措置は、
賃貸用の中古住宅については適用されない

事例

　中古でアパートを購入しました。当初は自分で
物件を探していましたが、難航し、仲介業者に依
頼をしました。仲介業者が間に入ったこともあり、
物件探し、物件の契約・引渡しの他、売買契約書の
印紙税や登記に係る登録免許税等の税金について
も滞りなく納めることができました。

　しかし、物件購入から6ヶ月が過ぎたころに、
地方自治体から不動産取得税の通知が来ました。
購入したアパートは不動産取得税の軽減措置が適
用されると思っていたこともあり、キャッシュは
購入したアパートの修繕費用に充てていました。
手元に余分な資金がなく、慌てて納税資金を工面
することになりました。

**失敗の
ポイント**

物件購入時に課せられる税金の内容をきちんと把握し、お金を準備しておくべきでした。例えば「不動産取得税」は、物件購入して数ヶ月以上が過ぎ、その存在をすっかり忘れたころに自治体から通知が来ます。軽減措置がありますが、適用条件があります。

今回の相談事例のように、賃貸用の中古住宅については軽減措置は適用されません。手許に余裕資金がないと大きな負担になりますので、しっかりと計画にいれておく必要があります。

［解説］

　不動産取得税とは、土地や建物を取得した人に対してかけられる税金です。無償で譲り受けても、登記をしなくても、契約が後で破棄になったとしても、納税の義務があるのが特徴です。ただし、相続の場合は非課税となります。土地や建物を取得した後、数ヶ月が過ぎて、忘れたころに地方自治体から通知が届きます。

　税額の計算は次の通りです。

《課税標準（固定資産税評価額）× 税率》

　課税標準は、令和6年3月31日までに宅地及び宅地評価された土地を取得した場合には、取得した不動産の価格（固定資産税評価額）の2分の1

になります。

　税率は、同じく令和6年3月31日までに取得した不動産について、土地・家屋（住宅）が3％、その他家屋（非住宅）が4％となっています。

　また、前記以外にも図のような軽減措置がありますが、相談事例のように、中古で購入した賃貸用住宅については軽減措置が適用されません。

[図] 不動産取得税の軽減税率

項目		
家屋	<一定の新築住宅> ・要件　住宅の床面積が50㎡以上240㎡以下であること 　　　　（戸建て以外の貸家住宅は1戸当たり40㎡以上）	
	<一定の中古住宅> ・要件 ア　自己の居住の用に供するために取得したこと イ　住宅の床面積が50㎡以上240㎡以下であること ウ　耐火建築物で築後25年以内、耐火建築物以外で築後20年以内であること 　　（築25年超または築20年超であっても、新耐震基準に適合している住宅は対象）	

項目		
土地	<一定の住宅用土地> ・要件（次のいずれかに該当すること）	
	ア　土地取得日から2年以内（土地の取得が令和4年3月31日までに行われている場合には3年以内。なお、共同住宅等でやむを得ない場合には4年以内）にその土地の上に上記住宅が新築された場合（土地取得者がその土地をその住宅の新築のときまで引続き所有している場合またはその住宅の新築が取得者からその土地を取得した者により行われる場合に限る）	
	イ　土地所得者が、土地を取得前、1年以内にその土地の上に上記住宅を新築した場合	
	ウ　未使用の新築住宅とその敷地である土地をその住宅が新築された日から1年以内に取得した場合	
	エ　土地所得者が、土地を取得後、1年以内にその土地の上にある自己の居住の用に供する上記中古住宅または未使用の新築住宅を取得した場合	
	オ　土地所得者が、土地を取得前、1年以内にその土地の上にある自己の居住の用に供する上記中古住宅または未使用の新築住宅を取得した場合	

内容
不動産取得税＝（固定資産税評価額－1,200万円）×3%

不動産取得税＝（固定資産税評価額－控除額※1）×3%　※1控除額は下記の通り	
新築日	控除額
S56.7.1～S60.6.30	420万円
S60.7.1～H1.3.31	450万円
H1.4.1～H9.3.31	1,000万円
H9.4.1～	1,200万円

内容

不動産取得税＝（固定資産税評価額×1／2×3%）－控除額※2
※2　控除額は下記のアかイの多い金額

ア＝45,000円
イ＝（土地1㎡当たりの固定資産税評価額※3）×（課税床面積×2）※4×3%

※3　令和6年3月31日までに宅地を取得した場合には評価額×1/2
※4　1戸当たり200㎡が限度

（参考文献：辻・本郷 税理士法人編著「税務・法務モバイルブック2020」東峰書房）

こうした軽減措置を受けるには、都道府県へ「不動産取得税減額申告書」を期限内（土地や建物を実際に取得した日から60日以内）に提出する必要があります。詳細は各自治体の県税事務所に確認してください。

　不動産取得税の納付は、地方自治体から送られてくる通知書に記載されている納期限までに納付する必要があります（原則、納期限は、発送月の月末となります）。

　納付には様々な方法があります。
○都税事務所、県税事務所、金融機関、郵便局の窓口で納付
○コンビニエンスストアで納付（納付書1枚当たりの金額が30万円以下、かつ、バーコードつきの納付書の納付に限ります）
○ペイジー（Pay-easy）で納付
○クレジットカードで納付（納付書1枚当たりの金額が100万円未満の納付に限ります。また、別途手数料が発生します）
　クレジットカード納付は近年新しくできた制度です。

　手軽に納付ができるようになりますが、別途、納付額に応じた、納付に係る支払手数料が発生します。

　手数料額を確認のうえ、手続きを行うようにしてください。

土地と建物の区分方法

土地と建物の価額の区分は、購入時に明確にしておくとよい

事例

　中古のアパートを購入しました。売買契約の際、不動産価額は土地と建物の総額の金額が表記されていました。

　特に不都合を感じなかったのでそのまま購入しましたが、後々税務申告をする段になって、土地の価額、建物の価額がそれぞれ重要であることを知りました。結局どのように計算をすればいいのかわからず、税務署に何回か通って自分で計算をする羽目になりました。

**失敗の
ポイント**

土地と建物を一括で取得した場合、
売主ときちんと話し合って、契約書で
それぞれの価額を合理的に区分してお
くべきでした。その後に自分が所有・
売却をする際の手続きが楽になりま
す。

［解説］

　土地と建物を一括で取得する場合、土地と建物の価額が当事者間の契約
において区分されていないことがあります。

　土地と建物それぞれの取得価額がわからなければ税務処理ができません
から、自分で算出する必要があります。

　それは例えば、次のような方法で行います。

１．消費税額（建物部分）から割り戻す

　売主が法人や事業者であれば、消費税の額（建物分。土地には消費税は
かからない）が記されています。そこで建物にかけられた消費税の額から
逆算して、建物と土地の価額を算出する方法があります（中古建物の場合
はそれまでに減価償却された金額を差し引く）。

【計算式】

①消費税額÷10％（消費税率）＝建物の税抜価額

②①（建物の税抜価額）＋消費税額＝建物の取得価額

③購入金額の総額 − 建物の取得価額 = 土地の取得価額

（具体例）
購入金額の総額　1億円（うち消費税額300万円）
消費税率は10％とする。
【計算】
①300万円 ÷ 10％（消費税率）= 3,000万円（建物の税抜価額）
②3,000万円（建物の税抜価額）+ 300万円（消費税）
　= 3,300万円（建物の取得価額）
③1億円（購入金額の総額）− 3,300万円（建物の取得価額）
　= 6,700万円（土地の取得価額）

２．土地と建物の固定資産税評価額の比で按分する

　土地と建物の割合は、売主サイドは土地部分を高く設定したい（建物部分には消費税がかかるので）ものです。買主は逆に、建物部分が高い方が助かります。建物部分が多ければ減価償却費として毎年の必要経費にできる額が増えるからです。

　建物と土地の区分は、「建物の標準的な建築価額表」（国税庁）や土地の時価（路線価、公示価格など）を参照して算出する方法もありますが、合理的なのは、取得したときの土地と建物の価額（固定資産税評価額）の比によって比例配分する方法です。

　「固定資産税評価額」は、毎年6月ごろに役所から送付される「固定資産税の納税通知書」に記載されていますが、役所で「固定資産の評価証明書」を取得して確認することも可能です。

【計算式】
①購入金額の総額 × 建物の固定資産税評価額 /（建物の固定資産税評価額

＋土地の固定資産税評価額）＝建物の取得価額

②購入金額の総額－①（建物の取得価額）＝土地の取得価額

（具体例）

購入金額の総額	1億円
建物の固定資産税評価額	2,310万円
土地の固定資産税評価額	4,690万円

【計算】

①1億円（購入金額の総額）×2,310万円／（2,310万円＋4,690万円）

　＝3,300万円（建物の取得価額）

②1億円（購入金額の総額）－3,300万円（建物の取得価額）

　＝6,700万円（土地の取得価額）

【参考】

不動産購入の際に発生する仲介手数料や固定資産税の精算金の取り扱い

　不動産を購入した場合には、仲介手数料や固定資産税の精算金が発生します。これらの費用は、不動産の購入に付随して発生するため、取得価額に算入しなければなりません。土地と建物のどちらに付随するものか内訳がわからない場合には、土地と建物の取得価額の比で按分し、取得価額に加算します。

　なお、不動産を購入すると不動産取得税や登録免許税が発生しますが、これらの費用は、取得価額に含めず、経費（租税公課）として計上することが可能です。

10

物件購入時の支出と処理

不動産会社への仲介手数料は、
物件の取得価額に含める必要がある

事例

　アパート経営を始めました。確定申告の際、収
入金額を少なくしたかったことから、不動産取得
時に不動産仲介業者へ支払った仲介手数料を必要
経費として算入しました。

　税務署からは、間違いを指摘されてしまいまし
た。

**失敗の
ポイント**

　不動産会社への仲介手数料は、その
物件を取得するための支出になるので
物件の取得価額に含めます。物件購入
時には様々な支出が発生しますが、そ
の取り扱いがわかりにくいものもあ
り、確認しておくことが大切です。
　また、支払いに用意しておく諸経費
の金額は、物件購入価額の１０％程度
が目安です。

 ［解説］

◎不動産会社に支払う仲介手数料

　不動産会社に支払う仲介手数料は、土地と建物の取得価額に算入します。
建物の取得価額は減価償却の対象になりますから、仲介手数料も土地相当
分と建物相当分とに分けておきます。

　ちなみに、不動産会社への仲介手数料は、法律でその上限が決められて
います。

　売買価格（建物分の消費税は除外）が、

・２００万円以下の場合は《その５％＋消費税》

・２００万円超４００万円以下の場合は《その４％＋２万円　＋消費税》

・４００万円超の場合は《その３％＋６万円＋消費税》が、その上限となって
　います（図を参照）。

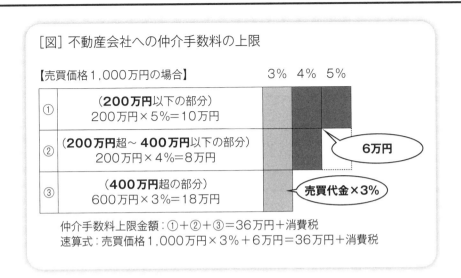

[図] 不動産会社への仲介手数料の上限

【売買価格1,000万円の場合】　　　3%　4%　5%

①	（**200万円**以下の部分） 200万円×5％＝10万円
②	（**200万円**超～ **400万円**以下の部分） 200万円×4％＝8万円
③	（**400万円**超の部分） 600万円×3％＝18万円

6万円

売買代金×3%

仲介手数料上限金額：①＋②＋③＝36万円＋消費税
速算式：売買価格1,000万円×3％＋6万円＝36万円＋消費税

（計算例）仲介手数料の按分

売買価格が1,000万円（土地700万円、建物300万円）、仲介手数料が39万6,000円の場合

【土地の取得価格に上乗せする金額】

39万6,000円÷1,000万円×700万円＝277,200円

【建物の取得価格に上乗せする金額】

39万6,000円÷1,000万円×300万円＝118,800円

◎固定資産税・都市計画税の精算金

　土地や建物などを保有している場合には、固定資産税や都市計画税がかかります（事例11参照）。

　固定資産税は、その年の1月1日時点で所有している者（固定資産課税台帳に登録されている人）が払うきまりになっています。そのため、例えば、1月2日に物件の売買が行われた場合、売主（元の持ち主）は1日しか所有していないのに、その年の固定資産税を全額納めることになってしまいます。

そこで所有権が移った日までの固定資産税は売主が負担し、その後の未経過分の固定資産税は買主が負担する（物件価格に上乗せされる）ことが商慣習として定着しています。

買主が負担する部分の金額は、固定資産税精算金といい、資産の取得価額に算入します。

例えば、物件の購入価格が1,000万円、精算金は10万円だとしたら、合計の1,010万円がその物件の取得価額です。上乗せして支払ったそのお金は、必要経費に算入できる「固定資産税」ではありません。

建物部分の固定資産税精算金については減価償却の対象となります。土地相当部分と建物相当部分で区分して、建物部分の金額を算定します。

◎司法書士への手数料

不動産を登記するときに司法書士へ払う手数料です。相場は3～10万円程度（1物件の相場。物件数により金額が増加します）。これは、その年の必要経費に算入します。

◎金融機関への融資手数料

これも、その年の必要経費に算入します。相場は10万円程度。近年は、新しいタイプの手数料も普及しています。

◎収入印紙代

不動産の売買契約書に貼付する収入印紙代は、その年の必要経費に算入します。

◎借入金の利息

不動産購入に伴う借入金の利息のうち、借入から使用開始までの期間に関する利息は必要経費に算入することができます。

ただし、個人が新たに賃貸経営を開始する場合は、使用開始までの利息を取得価額に含める必要がありますので留意が必要です。

事例

11

固定資産税の納税義務者

固定資産税はその年の１月１日現在で、
土地、家屋、償却資産の所有者に課せられる

事例

長年アパート経営をしてきました。40歳のときに新築で建てたアパートですが、既に築35年を過ぎ外観や設備の老朽化が進んでおり、空室が増えてきました。リフォームや建て替えをするか、もしくはアパートを売却してしまうか、悩ましい問題でした。

友人の大家さんたちに相談をし、自身の年齢のことから、アパートを手放すことに決めました。

特に売却のタイミングを気にしていなかったのですが、１月だったこともあり、その年分の固定資産税を納める必要があることがわかりました。また、買主と固定資産税の精算をしましたが、その際に受け取った精算金を必要経費として処理しましたが、まずかったようです。

**失敗の
ポイント**

　前述の通り、固定資産税はその年の1月1日現在で、土地、家屋、償却資産（事務機器類や構築物など）の所有者にかけられる税金です。固定資産税の精算などの慣習はありますが、売主・買主の双方にとって、その精算金は必要経費として処理できる「固定資産税」ではありません。

　具体的には、売主が固定資産税の精算に伴い買主から受け取った金額は譲渡所得の収入金額に算入します。

　一方、買主が売主に支払った固定資産税の精算金に相当する金額は、納税義務者として固定資産税を納税したものではないため買主の必要経費として処理ができるものではなく、買主が取得した不動産の取得価額に算入することになります。

【概要】

　固定資産税はその年の１月１日現在で、土地、家屋、償却資産（事務機器類や構築物など）の所有者にかけられる税金です。

　納期は、６月（第１期）、９月（第２期）、12月（第３期）、２月（第４期）の年４回となっています。また、一括での納付も可能です。

　それぞれの税額の計算方法は、次の通りです。

《土地＝課税標準額×１．４％》

《家屋、償却資産＝課税台帳に登録されている価格×１．４％》

【免税点について】

　同一市区町村に所有する土地・家屋・償却資産のそれぞれの資産の課税標準額の合計額が下記の金額に満たない場合には課税されません。

　　・土地…30万円

　　・家屋…20万円

　　・償却資産…150万円

【固定資産の価格の評価替えについて】

　土地と家屋については、資産価格の変動に対応するため、原則的に３年間ごとに評価額が見直されます（地価公示価格の７割程度が目安）。この評価替えの年度を基準年度といい、直近では平成30年度がそうでした。ただし、新築や増改築等のあった家屋及び分合筆等のあった土地で基準年度の価格によることが適当でない場合には、改めて評価を行い、新しい価格が決定されます。

※課税標準額……原則として固定資産台帳に登録されている価格が課税標

準額となります。ただし、土地については、住宅用地の
課税標準の特例などにより固定資産台帳に登録されて
いる価格よりも低く算定される場合があります。

【住宅用地の課税標準の特例措置について】
　住宅用地に該当する場合には課税標準の特例措置が設けられており、その面積により小規模住宅用地と一般住宅用地の区分に応じ税負担が軽減されることとなります。
・住宅用地とは
　　賦課期日（毎年1月1日）時点で、次のいずれかに該当するものをいいます。
（1）専用住宅（専ら人の居住の用に供する家屋）の敷地の用に供されている土地で、その上に存在する家屋の総床面積の10倍までの土地
（2）併用住宅（一部を人の居住の用に供する家屋）の敷地の用に供されている土地で、その上に存在する家屋の総床面積の10倍までの土地の場合には、下記の率を乗じて得た面積

[図1] 住宅用地の率

家屋		居住割合	住宅用地の率
専用住宅		全部	1.0
併用住宅	下記以外	4分の1以上2分の1未満	0.5
		2分の1以上	1.0
	地上5階建以上の耐火建築物	4分の1以上2分の1未満	0.5
		2分の1以上4分の3未満	0.75
		4分の3以上	1.0

●小規模住宅用地

・住宅1戸当たり200平方メートル以下の住宅用地（200平方メートルを
超える場合には200平方メートルまでの部分）
固定資産税の課税標準額は価格の6分の1（都市計画税は3分の1）

●一般住宅用地

・小規模住宅用地以外の住宅用地（住宅1戸当たり200平方メートルを超
える部分）
固定資産税の課税標準額は価格の3分の1（都市計画税は3分の2）

◎都市計画税

　都市計画税は、都市計画法による市街化区域内に所在する土地・家屋の
所有者にかけられる税金です。固定資産税と一緒に納税します。

　固定資産税と同様に、1月1日現在で、土地、家屋の所有者として登録
している人に納税義務があります。

　それぞれの税額の計算方法は、次の通りです。

《土地＝課税標準額×0.3％》
《家屋＝課税台帳に登録されている価格×0.3％》

　都市計画税についても固定資産税同様、特例措置があります。固定資産
税と都市計画税の特例についてまとめると次のようになります。

[図2] 固定資産税と都市計画税の特例

■住宅用地の特例措置

区分		固定資産税	都市計画税
小規模住宅用地	住宅用地で住宅1戸につき200㎡までの部分	価格×1／6	価格×1／3
一般住宅用地	上記以外の住宅用地	価格×1／3	価格×2／3

【住宅用地の申告】

1．住宅用地に関する申告

　固定資産税・都市計画税の住宅用地の特例を適用するには「固定資産税の住宅用地等申告書」を提出する必要があります。

2．申告が必要な場合

　土地や家屋の状況に変更があった場合で、具体的には次の通りです。

　　・住宅を新築または増築した場合

　　・住宅の全部または一部を取り壊した場合

　　・住宅を建て替える場合（※）

　　・家屋の全部または一部の用途を変更した場合

　　・土地の用途を変更した場合

※賦課期日である1月1日時点で、住宅を建築中または建築予定の土地は、原則として住宅用地にはなりません。ただし、既存の住宅を取り壊して住宅を建て替える等、一定の要件を満たす場合は、申告に基づき住宅用地の特例措置が継続して適用されます。

12

減価償却の開始時期

まだ賃貸事業を始めていない期間の減価償却費は認められない

事例

　賃貸に出すつもりで分譲マンションを購入しました。しかし、最初の1、2ヶ月は、事情があってその部屋を倉庫として使用していたため、入居募集を開始したのは2ヶ月後、実際に入居者が決まり、賃貸料が発生したのは4ヶ月後でした。

　確定申告するに当たり、購入した月からの減価償却費を計上したところ、間違いを指摘されてしまいました。

失敗の
ポイント

まだ事業に使用していない期間の減価償却費は認められません。

ただし、現実の入居がなくても、募集広告を出すなどしていつでも賃貸を開始できる状態にあれば、減価償却費を計上することができます。

[解説]

建物本体や建物附属設備（電気、ガス、給排水設備など）、構築物（防壁やアスファルト舗装）、備品、クルマなどの資産は、時の経過と共に老朽化し、次第にその価値が減っていきます。こうした資産を減価償却資産といいます（土地については時の経過と共に価値が減少していかないので、減価償却の対象にはなりません）。

減価償却とは、業務に必要なこれらの資産を取得するために支出した金額（取得価額）を、時の経過と共に、価値が目減りした分を決められた割合で毎年の必要経費としていくことです。

減価償却資産を償却する期間は、建物の本当の耐用年数ではなく、「法定耐用年数」と決められています（中古資産を取得した場合は「残存耐用年数」、事例16参照）。

この期間中は、実際には支払っていない経費を必要経費として計上できるので節税になり、その分手元にお金が残ることになります。

例えば、図のようなイメージです。

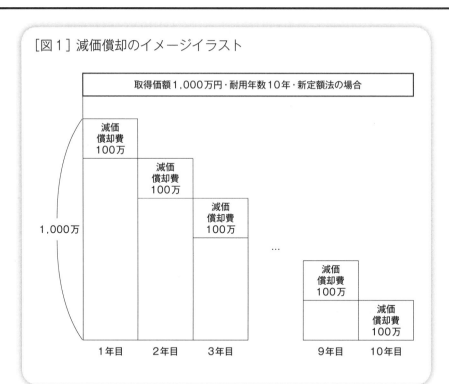

[図1] 減価償却のイメージイラスト

取得価額1,000万円・耐用年数10年・新定額法の場合

減価
償却費
100万

減価
償却費
100万

減価
償却費
100万

...

減価
償却費
100万

減価
償却費
100万

1,000万

1年目　　2年目　　3年目　　　　　　9年目　　10年目

[図2] 減価償却資産の例と簡単な計算例

例）　5,000万円で取得をした木造家屋を
　　　2019年7月より賃貸開始した場合

木造家屋……耐用年数22年（定額法の償却率0.046）

【2019年の減価償却費】
5,000万円×0.046×6/12ヶ月（7月〜12月）＝115万円

【2020年の減価償却費】
5,000万円×0.046＝230万円

さて、相談事例のケースですが、減価償却資産の償却ができるのは、その資産を事業用に使用した日からです。

　この事例のように、明らかに別の用途に使用し、事業に使用していない期間の償却は認められません。

　他にもよくあるミスとしては取得日から減価償却を始めてしまうケースや、支払日から減価償却を始めてしまうケースがありますので、注意が必要です。

　ただし、賃貸物件に現実の入居がない時期であっても、募集広告を出すなどしていつでも賃貸を開始できる状態にしてある場合は、減価償却費を計上することができます。

　入居者が決まり家賃収入が発生していれば事業用に使用しているのは明らかですが、募集広告を出している期間等は事業用に使用しているかどうかの証明を後から行うのは難しいため、特に家事用から事業用に転用したときや未入居の期間が長い等の場合には、募集広告等を保管し掲載時期を証明できるよう準備しておくことも大切になります。

◎減価償却資産を早く経費化できるケース

　ただし、次のケースでは減価償却資産を、通常の減価償却によらず、それぞれの方法で必要経費に算入します。

・使用可能期間が１年未満のもの、または取得価額が10万円未満のもの

　　　……取得価額の全額をその年の必要経費に算入できます。

・少額減価償却資産制度（令和４年３月31日まで）

　　　……青色申告者は10万円以上30万円未満の減価償却資産について、合計300万円までの取得価額をその年の必要経費に算入できます。

　・一括償却資産制度

　　　……取得価額が10万円以上20万円未満の減価償却資産を取得した

場合は、その年から３年間の各年分の必要経費に算入することができます。通常の減価償却を行う資産や少額減価償却資産制度を利用した資産と異なり、償却資産税の対象になりません。

　これらの場合でも事業用として使用を開始していなければその年の必要経費には算入できないため、年末や事業年度末に購入した資産については注意が必要です。

◎非業務用減価償却資産を業務用減価償却資産に転用した場合

　事例のケースのように非業務用の減価償却資産を業務用に転用した場合には、取得から業務用に転用するまでの期間の減価の額も考慮する必要があります。

[図３] 非業務用の減価償却資産を
　　　　業務用に転用した場合の未償却残高の計算

例）　2017年7月に5,000万円で取得をした木造家屋を
　　　　2019年7月より賃貸開始した場合
【非業務用減価償却資産の耐用年数（本来の耐用年数の1.5倍）】
22年×1.5＝33年（※１）（定額法の償却率0.031）
※１　1.5倍に相当する年数に1年未満の端数があるときは、
　　　　1年未満の端数は切り捨てます。

【非業務用の期間】
2017年7月〜2019年7月＝2年（※１）
※２　非業務用の期間に1年未満の端数があるときは、6ヶ月以上
　　　　の端数は1年とし、6ヶ月に満たない端数は切り捨てます。

【非業務用期間の減価の額】
5,000万円×0.9×0.031×2年＝279万円

【業務用に転用した時点での未償却残高】
5,000万円−279万円＝4,721万円

　業務用に転用後は未償却残高の4,721万円を図2にならって償却してい
くことになります。

13

建物の減価償却方法

建物の減価償却は「躯体」と「附属設備」に分けると
当初の税額が抑えられる

事例

　マンションを5棟所有しています。今までは自
分で帳簿を付け、自分で確定申告を行っていまし
た。両親の介護が必要になり、確定申告等の経理
処理を行う余裕がなくなったため、税理士に申告
を頼むことにしました。

　すると減価償却についてアドバイスがありまし
た。今までは附属設備部分と建物を一体で減価償
却をしていましたが、附属設備部分と建物とに分
けて減価償却をした場合の税額を説明され、驚き
ました。

　最初から税理士に任せていればよかったです。

**失敗の
ポイント**
　躯体部分と附属設備を一体で減価償却したため、当初の納税額が多くなってしまいました。

　建物の減価償却では、躯体部分と附属設備とに分けることができます。附属設備の法定耐用年数は建物よりも短いので、建物ごと償却するよりも、当面は毎年の償却費が多くなり、初期の税額が抑えられるため、キャッシュに余裕が出ます。

［解説］

　「躯体」とは建物本体のこと。「附属設備」とは、電気やガス、給排水、衛生、空調、昇降機設備などのことです。

　減価償却資産の法定耐用年数は、後掲図のように、その種類や構造、設備によっても異なります。

　鉄骨鉄筋コンクリート造・鉄筋コンクリート造の住宅なら47年をかけて償却しますが、電気、ガス、給排水、衛生設備などの附属設備は15年です。

　そのため、躯体と附属設備を一緒に償却するよりも、償却期間の短い附属設備は別にして償却していった方が、当初は１年当たりの償却額が大きくなり、手元にお金が残るのです（ただし減価償却費の総額としては同じです）。

　しかし、手元にお金が残るということは、その分相続財産が増えますの

で、元々納税資金に余裕がある方は、躯体と附属設備を一緒に償却した方が有利になることも考えられます。

[図1] 主な減価償却資産の法定耐用年数（建物・建物附属設備）

種類	細目	構造別総合または個別耐用年数（年）							
		鉄骨鉄筋コンクリート造または鉄筋コンクリート造	れんが造・石造・ブロック造	金属造			木造または合成樹脂造	木骨モルタル造	簡易建物
				骨格材の肉厚 4ミリ超	骨格材の肉厚 3ミリ超 4ミリ以下	骨格材の肉厚 3ミリ以下			
建物	住宅、寄宿舎、宿泊所、学校または体育館用のもの	47	38	34	27	19	22	20	

種類	構造・用途	細目	耐用年数
建物附属設備	電気設備	蓄電池電源設備	6
		その他のもの	15
	給排水、衛生、ガス設備		15
	冷暖房　通風ボイラー	冷暖房設備（冷凍機の出力22kW以下）	13
		その他のもの	15
	昇降機設備	エレベーター	17
		エスカレーター	15
	消火、排煙、災害報知設備及び格納式避難設備		8

では、どれだけの効果があるのでしょうか。

例

・建築価額2億円の重量鉄骨造（骨格材の肉厚が4ミリ超）のマンションを5棟所有（総建築費10億円）

・うち冷暖房設備に該当するものが2億円、給排水設備が1億円

・一体で減価償却していたときに課税される所得金額…3,500万円

　図1から、このマンションの躯体の耐用年数は34年、冷暖房設備は13年、給排水設備は15年ということがわかります。

　10億円全てを躯体として減価償却を行った場合、1年間の減価償却費は3,000万円になります。

　これを躯体と冷暖房設備、給排水設備に分けた場合、

　　躯体…2,100万円。

　　冷暖房設備…1,540万円

　　給排水設備…670万円

　減価償却費合計4,310万円となり、全て躯体とした場合と比べ1,310万円多く経費として計上できました。

　また、減価償却費については支出を伴わない費用であるため、税額の減少が直接キャッシュフローの増加に結び付きます。

　税額に関しては、躯体と附属設備に区分しなかった場合、所得税額は1,120万4,000円になります。

　区分した場合は、まず課税される所得が2,190万円、それに対する所得税額は596万4,000円になります。

　物件の規模が大きくなれば効果も大きくなる傾向にありますが、今回の例では一時的に税額を半分近くにすることができました。

［図２］13年間の納税額の推移

減価償却方法	1年当たりの減価償却費			減価償却費合計
	躯体部分	冷暖房設備	給排水設備	
躯体と附属設備を一体で償却	30,000,000			30,000,000
躯体と附属設備を分けて償却	21,000,000	15,400,000	6,700,000	43,100,000

納税額（冷暖房設備の耐用年数13年目まで）	1年目	2年目	3年目 …	13年目
躯体と附属設備を一体で償却	11,204,000	11,204,000	11,204,000	11,204,000
躯体と附属設備を分けて償却	5,964,000	5,964,000	5,964,000	※6,044,000
差額	5,240,000	5,240,000	5,240,000	5,160,000
累計差額	5,240,000	10,480,000	15,720,000	68,040,000

※13年目のみ冷暖房設備の減価償却費が20万円少ないため。

　さて、躯体と附属設備を分ける方法ですが、事例のように建物を購入した場合は、不動産会社から「譲渡対価証明書」を出してもらうと簡単にわかります。それを出してもらえない場合や、中古物件を購入した場合は、素人判断をせずに、専門家（不動産鑑定士など）に相談するのがよいでしょう。

［図３］譲渡対価証明書の見本

譲 渡 対 価 証 明 書

譲　受　人　住所
　　　　　　氏名

不動産の表示

一、所　在

二、建物の種類・番号

三、譲渡対価（建物だけの価格）金

四、譲渡年月日　　　　　　　令和　　年　　月　　日

右　証　明　致　し　ま　す

令　和　　年　　月　　日

　　　　　譲渡人　住所
　　　　　　　　　氏名　　　　　　　　　　印

事例

14

建物の取得価額か 必要経費か

建物建設のための土地改良工事は「建物の取得価額」である

事例

　アパート経営を始めるに当たって、更地の土地よりも相場の安い古家付きの土地を購入しました。建物の解体費用や土盛りなどの費用がかかりましたが、土地の価格を低く抑えることができたため、全体としては想定内の滑り出しでした。

　一点だけ心残りがあります。アパート経営を始めた年の確定申告の際に、アパート建設前の工事費用を全て「土地の取得価額」としたことです。建物解体は「土地の取得価額」の仕分けでよかったのですが、土盛りについては、「建物の取得価額」にできたそうです。

　結果的に土盛りの工事費用を減価償却できず、余分に所得税を多く支払いました。

失敗の
ポイント

　土地の改良工事であっても、その工事が専ら建物建設のためのものであれば、その費用は「建物の取得価額」となり、減価償却できます。
　減価償却資産の取得価額とすべきものと、その年に全額を必要経費とすべきものを理解しておくことが大事です。

[解説]

1．取得価額に算入すべきもの

　減価償却資産の取得価額には、その資産を購入するための費用（引取運賃や保険料、関税など）や、それを事業に利用するために必要な費用（工事費、設計料など）も含まれています。

　相談事例のように土地を購入し、そこに建物を建設した場合、建物の取得価額（減価償却資産）とするものには、例えば次のような費用があります。

・ 建物を建築するための土地工事費

・ 建物の設計デザイン代

・ 建築確認申請料

・ 地鎮祭、上棟式などの費用

・ 建物建築請負工事費

・ 日照権の補償費

・ 建物を賃貸に使用し始めるまでの期間のローン利息

・ 電気設備、ガス設備、給排水設備、空調設備など(建物附属設備の取得価
  額)

◎注意点

・ 新築建物の完成に伴って支出する記念費用等のように減価償却資産の
  取得後に生ずる付随費用の額は、その減価償却資産の取得価額に算入せ
  ず必要経費とすることができますが、ビルやマンション等の建設に伴っ
  て支出する住民対策費等の費用の額で、当初からその支出が予定されて
  いるもの(毎年支出することとなる補償金を除きます)については、たと
  えその支出が完成後に行われるものであっても、取得価額に算入するこ
  とになります。
・ 消費税等については、税込経理方式を採用している場合には消費税も含
  めて取得価額に算入します。

◎構築物の取得価額とするもの

また、構築物の取得価額とすべきものには、次のようなものがあります。

・ 外構工事費
・ 緑化設備(花壇、庭園)
・ アスファルト、レンガ敷の舗装工事費
・ 防壁工事費
・ 水道管引き込み工事費
・ 屋外広告

なお、土地に対して行った防壁、石垣積み等であっても、その規模や構
造等からみて土地と区分して構築物とすることが適当と認められるものの
費用の額は、土地の取得価額に算入せず、構築物の取得価額とすることが
できます。上水道または下水道の工事に要した費用の額についても、同様
です。

これらの費用は建物や構築物の耐用年数に応じて毎年減価償却できます。

2．必要経費とすることができるもの

減価償却資産を取得するための費用であっても、取得価額に算入しなくてもよいものもあります。例えば、次のような費用などは、全額必要経費とすることができます。

- ・不動産取得税
- ・登録免許税
- ・司法書士への手数料
- ・印紙税
- ・落成式などの費用
- ・減価償却資産を取得するためのローン利息（使用を開始するまでの期間に係る部分）
- ・建物の建設などのために行った調査、測量、設計、基礎工事などで、その後、建設計画の変更により不要となった費用
- ・一旦結んだ契約を解除して、他の減価償却資産を取得したときに払った違約金

◎注意点

不動産取得税や登録免許税は土地や建物の取得に伴って取得者が納付することが法令で定められており、支出を余儀なくされる税金であることから取得価額に算入しなくても良いと解されています。

気をつけなくてはならないのは年の途中に土地や建物を取得した場合です。前の所有者が支払った固定資産税の日割精算額を前の所有者に対して支払ったとしても、固定資産税の法令上の納税義務者はその年の1月1日現在の所有者であるため、年の途中で取得した者の必要経費には算入でき

ず、購入した土地や建物の取得価額に算入すべきと考えられます。

3．土地の取得価額とするもの

・土地そのものの購入費用

・仲介手数料のうち、土地に係るもの

・当初からその建物等を取り壊して土地を利用する目的で土地を建物と一緒に購入した場合の、その建物等の取得価額及び取壊費用（廃材等の処分で得た収入等がある場合は、その収入額を控除します）。

・固定資産税の日割精算額のうち、土地に係るもの

　これらの費用は土地の取得価額を構成し、その土地を売却したときに譲渡所得の計算上、経費（譲渡費用）となります。

4．立退料等を支払った場合

　建物を賃貸している場合に、借家人に立ち退いてもらうため、立退料を支払うことがあります。このような立退料の取り扱いは次のようになります。

① 土地、建物等を取得する際に、その土地、建物等を使用していた者に支払う立退料は、土地、建物等の取得費または取得価額になります。

② 敷地のみを賃貸し、建物の所有者が借地人である場合に、借地人に立ち退いてもらうための立退料は、通常、借地権の買い戻しの対価となりますので土地の取得費になります。

③ 賃貸している建物やその敷地を譲渡するために支払う立退料は、譲渡に要した費用として譲渡所得の金額の計算上控除されます。

④ ③に該当しない立退料で、不動産所得の基因となっていた建物の貸借人を立ち退かせるために支払う立退料は、不動産所得の金額の計算上必要経費になります。

事例 **15**

備品・車両等の償却方法を変更

個人オーナーは期限内に申請すれば
備品・車両などの償却方法を変更できる

事例

　アパート経営を始めて２年目のサラリーマン大家です。資金計画を立てていましたが、想定外に現金が必要なことがあり、確定申告の時期を迎えるに当たり、節税効果を考えて備品・車両の償却方法を定率法に変更しようとしました。

　しかし、書類の提出期限が既に過ぎており、定率法を選択できませんでした。

**失敗の
ポイント**
個人経営の大家さんは、備品や車両の償却方法を変更できます。

　ただし、変更を希望する場合は、変更しようとする年の3月15日までに納税地の所轄税務署長に申請書を提出しなければなりません。

　例えば、令和2年分の確定申告から変更しようとする場合は、令和2年3月15日までに申請書を提出しなければなりません。

 ［解説］

　減価償却の方法には「定額法」と「定率法」の2種類があります。

　定額法とは、毎年の償却費が原則として同額となる方法です。《取得価額×定額法の償却率》で算出します。

　一方、定率法は、償却できる金額は当初多く、時間と共に減っていきます。《未償却残高×定率法の償却率》で計算します。

　※ただし、上記の金額が償却保証額（定率法で償却できる最低額）に満たなくなった年分以後は次の算式によります。《改定取得価額×改定償却率》。

　つまり、定率法を選んだ方が、開始直後ほど節税でき、手元に多くのキャッシュが残ることになります。逆に言えば、税額が徐々に増えていくということです（減価償却費の総額は同じです）。

　現在の制度では、建物の償却方法は定額法と決められています。また、

平成28年3月31日以前に取得した建物附属設備及び構築物の償却方法に関しては、届出をすれば定率法も選ぶことができましたが、平成28年度税制改正により、平成28年4月1日以後に取得する建物附属設備及び構築物については、定額法によることになりました。

　しかし、個人の大家さんの場合、備品や車両の償却方法に関しては、届出をすれば定率法も選ぶことができます。

　変更するには、期限内に納税地の所轄税務署長に申請書を提出することが必要です。まず、新たにアパート経営を始めた場合は、その年の確定申告期限までが提出期限になります。申請書を提出しなければ、自動的に「定額法」とされます。途中から償却方法を変更したい場合には、確定申告期限の1年前、つまり、変更しようとする年の3月15日が提出期限になります。

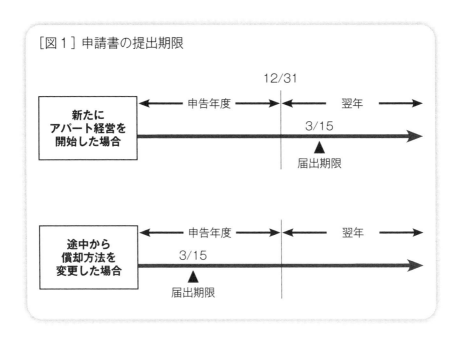

[図1] 申請書の提出期限

◎平成19年3月31日以前に取得した資産の償却方法

　減価償却の制度は、平成19年3月31日以前に減価償却資産を取得した場合と同年4月1日以後に取得した場合とでは、償却方法が異なります。

[図2] 減価償却方法の改正

平成19年3月31日以前	平成19年4月1日から 平成24年3月31日まで	平成24年4月1日以降
旧定額法	定額法	
旧定率法	250%定率法	200%定率法

減価償却方法の改正

·**250%定率法**：定額法の償却率を2.5倍した償却率による定率法
·**200%定率法**：定額法の償却率を2倍した償却率による定率法

　また、平成10年4月1日以後に取得した建物は、旧定額法もしくは定額法での償却となります。取得した建物が旧定率法で償却されていたとしても、購入や相続などで新たに取得した時点で旧定額法もしくは定額法に変更になります。

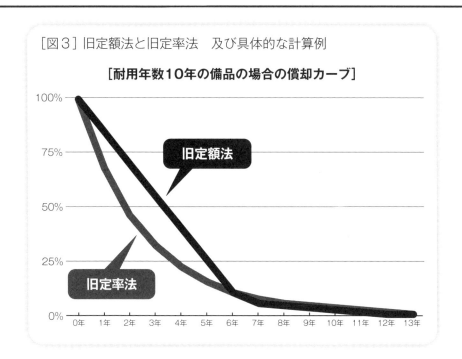

[図3] 旧定額法と旧定率法　及び具体的な計算例

[耐用年数10年の備品の場合の償却カーブ]

1. 旧定額法と旧定率法　及び具体的な計算例

　備品を、令和2年3月に購入し、同月事業の用に供した。

　購入価額は1,000,000円、耐用年数10年である。

（1）「旧定額法」の償却費の計算例

［償却率 0.100］

　（1,000,000−1,000,000×0.1）×0.100×10／12＝75,000円

（1年目の償却費）

（2）「旧定率法」の償却費の計算例

［償却率 0.206］

　1,000,000×0.206×10／12 ＝171,666円（1年目の償却費）

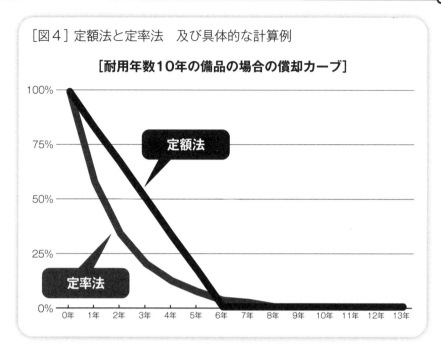

[図４] 定額法と定率法　及び具体的な計算例

[耐用年数１０年の備品の場合の償却カーブ]

定額法

定率法

２．定額法と定率法　及び具体的な計算例

　備品を、令和2年3月に購入し、同月事業の用に供した。

　購入価額は1,000,000円、耐用年数10年である。

（1）「定額法」の償却費の計算例

［償却率 0.100］

　1,000,000×0.100×10／12＝83,333円（１年目の償却費）

（2）「定率法」の償却費の計算例（200％定率法を適用した場合）

［償却率 0.200］

　1,000,000×0.200×10／12 ＝166,666円（１年目の償却費）

事例 **16**

中古資産の耐用年数

中古の減価償却資産の耐用年数は「残存耐用年数」を使う

事例

　築10年の中古アパートを購入しました。中古であっても築年数によっては減価償却ができる旨を大家さん仲間から聞いていました。確定申告の際に法定耐用年数を調べて減価償却費を計算し、申告しました。

　しかし、後になって、中古資産の耐用年数は法定耐用年数とは算出方法が異なり、もっと節税できたことに気づきました。

**失敗の
ポイント**
賃貸用として中古資産を取得した場合、それを償却するときは法定耐用年数ではなく、その時点からあと何年使えるかという意味合いの「残存耐用年数」を使います。

[解説]

残存耐用年数とは、要するに、あと何年使えるかという指標ですが、それを合理的に決めるのは現実的には難しいものがあります。そのため、次のような簡便法を使うこともできます。

1．法定耐用年数の全部を経過した物件の場合

まず、法定耐用年数を過ぎてしまっている物件です。耐用年数を全て過ぎているからといっても、現実的にはまだ使えるわけですから、《その法定耐用年数の20％に相当する年数》を見積耐用年数とします。

※　1年未満の端数は切り捨て。算出した年数が2年に満たない場合には「2年」。

法定耐用年数が22年、経過年数が23年の中古資産の場合は、

《22年×0.2＝4年》

となります。

2．法定耐用年数の一部を経過した資産の場合

　次に、まだ法定耐用年数が残っている物件の場合は、《「その法定耐用年数から経過した年数を差し引いた年数」に「経過年数の20％に相当する年数」を加えた年数》です。

※　1年未満の端数は切り捨て。算出した年数が2年に満たない場合には「2年」。

　試算例です。

　法定耐用年数が22年、経過年数が10年の中古資産の場合は、

A【22年−10年＝12年】……法定耐用年数から経過した年数を引く

B【10年×0.2＝2年】……経過年数10年の20％に相当する年数

　A＋Bで、

【12年＋2年＝14年】

　ただし、法定耐用年数の一部を経過している物件であっても、以下のように資本的支出の額が大きい場合には、上記1・2のような簡便法は使用できません。

3．資本的支出の額が取得価額の50％超、
　　かつ再取得価額の50％以下の資産の場合

　取得した中古資産を事業の用に供するために支出したリフォーム代（資本的支出）がその中古資産の取得価額の50％に相当する金額を超える場合には、簡便法により使用可能期間を算出することはできません。この場合には、その中古資産を事業の用に供したとき以後の使用可能期間を見積もる必要がありますが、その資本的支出の金額がその中古資産と同じ新品のアパートやマンションを取得した場合の金額（再取得価額）の50％に相当する金額以下である場合には、次の算式によることが認められています。

※　1年未満の端数は切り捨て。

　法定耐用年数が22年で、経過年数が10年の中古資産を1,000万円（再取

得価額2,200万円）で取得し、800万円の資本的支出を行った場合は、以下
の通りとなります。

《算式》

$(A + B) ÷ ((A ÷ C) + (B ÷ D))$

　　A：その中古資産の取得価額

　　B：資本的支出の価額

　　C：その中古資産につき簡便法により算出した耐用年数

　　D：中古資産に係る法定耐用年数

《計算例》

　　法定耐用年数が22年で、経過年数が10年の中古資産を1,000万円（再取
得価額2,200万円）で取得し、800万円の資本的支出を行った場合

$(1,000万円 + 800万円) ÷ ((1,000万円 ÷ (22年 - 10年 + 10年 × 0.2)) + (800万円 ÷ 22年)) ≒ 16年$

4．資本的支出の額が再取得価額の50％を超える資産の場合

　　法定耐用年数の一部を経過している物件であっても、その中古資産を事
業供用するために支出したリフォーム代（資本的支出）が、同じ新品のア
パートやマンションを取得した場合の金額（再取得価額）の50％に相当す
る金額を超えるときには「法定耐用年数」を適用します。

　　例えば、法定耐用年数が22年で、経過年数が10年の中古資産を1,000
万円（再取得価額2,200万円）で取得し、1,200万円の資本的支出を行った
場合は、耐用年数は22年となります。

　　⇒1,200万円（資本的支出）＞2,200万円（再取得価額）× 50％　　∴22年

[図1] 簡便法の適用範囲

資本的支出の金額	耐用年数
資本的支出の額が取得価額の50％以下の場合、かつ 1．法定耐用年数の全部を経過した物件の場合	簡便法
資本的支出の額が取得価額の50％以下の場合、かつ 2．法定耐用年数の一部を経過した資産の場合	簡便法
3．資本的支出の額が取得価額の50％超、かつ 再取得価額の50％以下の資産の場合	簡便法と 法定耐用年数 の折衷法
4．資本的支出の額が再取得価額の50％を超える資産の場合	法定耐用年数

[図2] 中古物件購入のメリットとデメリット

メリット	デメリット
・購入価格が安く、利回りが高い（年間収入÷物件購入価格） ・入居率の実績を確認できる ・オーナーチェンジ物件であれば、取得してすぐに家賃を得られる	・老朽化が早い、耐震強度が低い ・入居者の獲得が難しい ・修繕費用や改築費用が多くかかる ・金融機関から融資を受けにくく、金利が高い ・入居者がいる場合は、物件の室内を確認できない ・家賃の改定や条件変更が容易でない

事例

17

法人と個人の違い（減価償却）

減価償却費の算出を間違えて税金を多く払い過ぎていた場合は
5年以内なら更正の請求ができる

事例

　個人のアパートオーナーです。5,000万円の
建物の減価償却の方法を間違えて、500万円しか
償却していなかったことが10年経ってから判明
しました。5年分は更正の請求ができると聞きま
したが、法人のように任意償却できず、何とかな
らないかと税務署に相談しているところです。

失敗の
ポイント

　減価償却の方法は法人と個人とでは異なります。法人は自由度の高い任意償却ですが、個人は強制償却です。その年に償却しなかった分は翌年以降に計上することができません。

　更正の請求期間が５年に延長されてはいるものの、それを過ぎてしまった期間に納め過ぎていた税金は基本的に戻りません。

［解説］

　個人事業主が減価償却費の算出を間違えて、何年も税金を多く払い過ぎていた場合、法定申告期限から５年以内の分については取り戻せることがあります。

　その場合は、更正の請求という制度があり、申告方法を間違えて、税金を多く納め過ぎた、あるいは、還付される税金が少な過ぎた場合に、「更正の請求書」を納税地の所轄税務署長に提出することができます。請求が認められた場合は、税金が還付されます。

※　平成23年12月２日より前に法定申告期限が到来する所得税については、法定申告期限から１年が期限

◎「所得税及び復興特別所得税の更正の請求書」

　確定申告期限後に申告書に書いた税額等に誤りがあり、申告等をした税

額等が実際より多かったときに正しい額に訂正する場合に、納税地の所轄税務署長に提出します。提出期限は、法定申告期限から5年以内となります。

[図]「所得税及び復興特別所得税の更正の請求書」の見本

〈事例17〉法人と個人の違い（減価償却）

事例

18

相続物件の減価償却

相続で建物を取得した場合、新たにその資産の残存耐用年数を
算出し直してはいけない

事例

　父が亡くなり、土地とアパート1棟を相続しま
した。中古の建物ということで、建物の残存耐用
年数を「簡便法」で算出し、減価償却費を計上しま
したが、相続のケースでは間違いだと指摘されま
した。

**失敗の
ポイント**
相続で建物を取得した場合、その残
存耐用年数を算出し直してはいけませ
ん。

相続により減価償却資産を取得した場合は、相続した人がその資産を引き続き持っていたものとみなされます。そのため、相続を機に建物の残存耐用年数を算出し直してはいけません。建物に関しては以前のままの取得価額と未償却残高を引き継ぎます。

タックスアンサーで
例示されているケースを紹介

相続により取得した減価償却資産の耐用年数

【照会要旨】

　相続（限定承認を除きます。以下同じ。）により取得した賃貸用の建物（以下「本件資産」といいます。）を引き続き賃貸の用に供した場合に、本件資産の減価償却費の計算における耐用年数は、減価償却資産の耐用年数等に関する省令（以下「耐用年数省令」といいます。）第3条第1項《中古資産の耐用年数等》の中古資産に係る見積もりによる使用可能期間に基づく年数とすることができますか。

【回答要旨】

　相続により取得した本件資産の減価償却費の計算における耐用年数は、耐用年数省令第3条第1項の中古資産に係る見積もりによる使用可能期間に基づく年数とすることはできません。

　相続等により取得した資産について、所得税法施行令第126条第2項《減価償却資産の取得価額》の規定では、所得税法第60条1項《贈与等により取得した資産の取得費等》に規定する相続等

により取得した資産が減価償却資産である場合の取得価額は、その減価償却資産を取得した者が引き続き所有していたものとみなした場合におけるその減価償却資産の取得価額に相当する金額とすることとされています。

　また、所得税法第60条1項の規定は、同項に規定する相続等によって取得した資産を譲渡した場合における譲渡所得等の金額の計算については、その取得をした者が引き続きその資産を所有していたものとみなすこととされています。

　したがって、相続により取得した本件資産について、耐用年数省令第3条第1項の規定に基づき算出した年数により減価償却費を計算することはできず、被相続人から取得価額、耐用年数、経過年数及び未償却残高を引き継いで減価償却費を計算することになります。

【具体的な例示】

お父様の確定申告の内容

　取得価額：100,000,000円（平成19年3月31日以前に取得）

　耐用年数：47年（償却率0.022）

　未償却残高：60,400,000円（20年経過）

あなたの確定申告の内容

　取得価額：100,000,000円

　事例16による簡便法にて算出

　①47年－20年＝27年

　②27年×0.2＝5年

　③27年＋5年＝32年

　耐用年数：32年（償却率0.032）……間違い

正しくは47年（償却率0.022）を引き継ぐ

未償却残高：60,400,000円

事例

19

相続物件の償却方法

相続で引き継いだ建物の償却方法は、
以前がどうあれ「定額法」が適用される

事例

父が亡くなり、アパートを相続しました。父は
建物の減価償却を「定率法」で行っていたので、取
得価額や未償却残高などと一緒に同じやり方を引
き継ぎましたが、償却方法については「定額法」で
なければならないと指摘されました。

**失敗の
ポイント**

被相続人が建物の減価償却方法に
「定率法」を選んでいても、平成19年
4月1日以降に取得した建物について
は、「定額法」が適用されます。

[解説]

　平成19年4月1日以後に取得した建物は、「定額法」で減価償却します。相続で取得した場合も同様です。被相続人が生前に「定率法」を選んでいたとしても「定額法」となります。ただし、取得価額や未償却残高については、そのままです。相続によって取得した人が新たに算出し直すことはできません。

注意点

　本事例は「建物」にかかる償却方法の事例ですが、建物の他に「車両や器具及び備品」があった場合はどうでしょうか。

　器具備品に関しては、建物のように平成19年4月1日以降取得した場合は「定額法」が強制的に適用されるといったようなことはなく、「定率法」を選択することも可能です。

　ただし、「定率法」を選択するためには、相続した年分の確定申告期限までに所得税の減価償却資産の償却方法の届出書を納税地の所轄税務署に提出しなければなりません。

　この届出書を提出しなければ、個人の法定償却方法である「定額法」にて償却していくこととなります。

[図] 国税庁ＨＰ掲載の届出書

　また、相続で引き継いだ減価償却資産を減価償却する場合、被相続人であるお父様（準確定申告）と、相続人であるあなた（確定申告）で計上することができる減価償却の月数は12ヶ月ではなく13ヶ月となります。

　例えば、7月15日にお父様が亡くなった場合には、

　お父様：1月1日〜7月15日までの7ヶ月分の減価償却費

　あなた：7月15日から12月31日までの6ヶ月分の減価償却費

を経費として計上することができます。

平成１９年４月１日以降に相続により
減価償却資産を取得した場合

【照会要旨】

　Ｂは、令和元年５月10日にＡから木造アパートを相続しました。このアパートの取得価額等は次のとおりですが、Ａの準確定申告及びＢの確定申告における令和元年分の償却費の額はいくらですか。

(1) 取得年月：平成８年１月

(2) 取得価額：10,000,000円

(3) 法定耐用年数：22年（旧定額法及び定額法の償却率0.046）

(4) 平成31年１月１日の未償却残額：500,000円（取得価額の５％相当額）

【回答要旨】

　Ａの準確定申告において必要経費に算入される償却費の額は41,667円、Ｂの確定申告において必要経費に算入される償却費の額は306,667円となります。

（１）Ａの準確定申告における減価償却費の計算

　平成19年３月31日以前に取得した一定の減価償却資産で、各年分の不動産所得等の金額の計算上、必要経費に算入された金額の累積額が償却可能限度額（建物についてはその取得価額の95％相当額）に達している場合には、未償却残額をその達した年分の翌年分以後の５年間で、１円まで均等償却することとされています（所得税法施行令第134条第２項）。

　また、年の中途で死亡した場合の必要経費に算入される金額は、その償却費の額に相当する金額を12で除し、これにその年１月

１日からその死亡の日までの期間の月数を乗じて計算した金額とされています（同条第３項）。

したがって、Ａの準確定申告における減価償却費の計算は次のようになります。

（500,000円－１円）÷５年×５/12

＝41,667円（相続時の未償却残額458,333円）

（注）　１円までの５年均等償却は、平成20年分以後の所得税について適用されます（平成19年政令第82号附則第12条第２項）。

(2) Ｂの令和元年分の確定申告における減価償却費の計算

平成19年４月１日以後に取得した建物の減価償却の方法は、定額法とされ（所得税法施行令第120条の２第１項第１号）、この「取得」には、相続、遺贈又は贈与によるものも含まれます（所得税基本通達49－１）。

ただし、減価償却資産の取得価額及び未償却残額は、相続により取得した者が引き続き所有していたものとみなされます（所得税法施行令第126条第２項）。

したがって、Ｂの令和元年分の確定申告における減価償却費の計算は次のようになります。

10,000,000円×0.046×８/12

＝306,667円（未償却残額151,666円）

20

修繕費か資本的支出か

現状より資産価値を高める修繕費は資本的支出となり、
全額その年の必要経費にはできない

事例

アパート経営をしています。築10年が経過し
たアパートですが、長く住んでいる賃借人からト
イレの水漏れの相談をされました。これを機にト
イレ付ユニットバスから人気のある風呂トイレ別
に変更し、最新の設備で水回りのリフォームを
300万円かけて行い、「修繕費」としてその年の必
要経費に計上し、申告しました。

しかし、間取りや水回りの設備の変更を行って
いたことから「資本的支出」であると指摘され、修
正申告を余儀なくされてしまいました。

修繕費と資本的支出の違いをよく確認しておくべきでした。元の状態よりも使用期間を延ばしたり、資産価値を高める修繕費は資本的支出となり、減価償却の対象になります。全額その年の必要経費にはできません。

［解説］

　アパート経営を長く続けていると、破損や劣化、老朽化などにより、修繕費用がかかるようになります。

　例えば、共用部分の電球・蛍光灯の交換、エアコンや水回りの設備の修理・交換、外壁の塗り直し、畳の交換、床の修理・張り替え、間取りの変更……などなど。

　これらの支出を全額必要経費にするか、あるいは、資産に計上して毎年の減価償却費とするかは、大家さんにとって大きな問題です。

　こうした支出については、修繕にかけた費用や目的などによって、「修繕費」と「資本的支出」の2つに分けて考えます。

　まず修繕費とは、その固定資産を通常に維持管理、あるいは原状を回復することになる修理や改良に使う費用です。費用は全額をその年の必要経費にできます。

　これに対して、資本的支出とは、その固定資産の価値を高める、あるいは、

耐久性を増す（使用期間を延長する）ことになる修理や改良に使う費用です。

　例えば、避難階段などを物理的に付け加えていたり、用途変更のための改造や模様替えをしているようなケースです。

　細かい例を挙げれば、取り替えた部品（備品）や修理に使用した材料が以前より質の高いものになっている場合も資本的支出になります。

　こうした資本的支出は、全額を必要経費にするのではなく、減価償却資産として毎年償却していきます。

　修繕費か資本的支出か迷ったときの判断の目安としては、次の条件に当てはまるものは概ね「修繕費」と考えられます。

・ 1つの修理、改良等の金額が20万円未満のとき
・ 概ね3年以内の期間を周期として行われる修理、改良等であるとき
・ 災害により被害を受けた固定資産の現状回復の費用であるとき
・ 1つの修理、改良等の金額のうちに資本的支出か修繕費が明らかでない
　金額がある場合で、その金額が60万円未満のとき
・ 1つの修理、改良等の金額のうちに資本的支出か修繕費が明らかでない
　金額がある場合で、その資産の前年末の取得価額の概ね10％以下であ
　るとき

　図を参考に判定してみて、不明なものについては税務署に確認すること
をお勧めします。

［図］資本的支出と修繕費の判定フローチャート

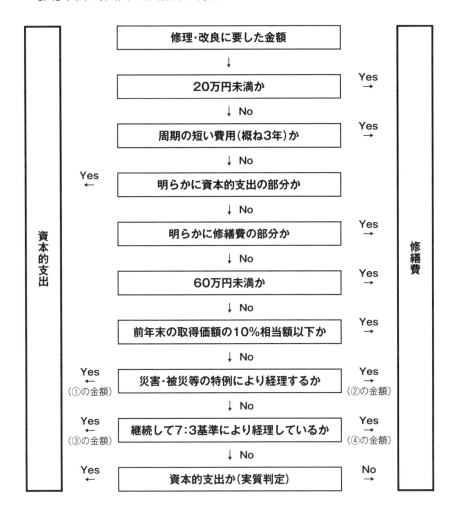

①＝支出金額－②
②＝支出金額×30％
③＝支出金額－④
④＝①または前年末の取得価額×10％

≪参考≫国税不服審判所が公表している２つの事例

1. 鉄筋コンクリート造り店舗共同住宅の外壁等の補修工事に要した金員は修繕費に当たるとした事例

裁決事例集 No.38 – 46頁

資本的支出と修繕費の区分は、支出金額の多寡によるのではなく、その実質によって判定するものと解されるところ、本件建物の外壁等の補修工事のうち、外壁等への樹脂の注入工事等は建物全体にされたものではなく、また、塗装工事等は建物の通常の維持又は管理に必要な修繕そのものか、その範ちゅうに属するものであるから、これらに要した費用は修繕費とするのが相当である。また、外壁天井防水美装工事は、補修工事に伴う補修面の美装工事であって、塗装材として特別に上質な材料を用いたものではないことが認められるから、これに要した費用も修繕費とするのが相当である。

平成元年10月6日裁決

2. 請求人が行った賃貸用マンションのシステムキッチン等の取替工事に係る費用は、当該マンションの価値を高め、その耐久性を増すこととなると認められるから、修繕費ではなく資本的支出に該当するとした事例（平成21年分及び平成22年分の所得税の各更正処分及び過少申告加算税の各賦課決定処分・一部取消し・平成26年4月21日裁決）

《ポイント》

本事例は、新たなシステムキッチン及びユニットバスの取替えに要した費用が、賃貸用マンションの通常の維持管理のための費用、すなわち修繕費であるとは認められず、新たにシステムキッチン及びユニットバスを設置し、台所及び浴室を新設したことによって、当該マンションの価値を高め、又はその耐久性を増すことになると認められることから、その全額が

資本的支出に該当するとしたものである。

《要旨》

　請求人は、築17年を経過した賃貸用マンション（本件建物）の一部の住宅内の台所及び浴室の各設備等を取り壊し、新たなシステムキッチン及びユニットバスに取り替えた工事（本件各工事）について、居住用機能を回復させるために必要な工事であり、本件建物の規模からすれば、同建物の基礎及び柱等の躯体に影響を与えるものでなく、その価値を高めるものでもなく、その目的は現状維持することであるから、本件各工事に係る費用のうち新たなシステムキッチン及びユニットバスの取替えに要した費用（本件各取替費用）については、所得税法施行令第181条《資本的支出》に規定する金額及び所得税基本通達37－10《資本的支出の例示》の定めに例示された金額のいずれにも該当せず、修繕費に該当する旨主張する。

　しかしながら、ある支出が修繕費又は資本的支出のいずれに当たるかは、その支出した金額の内容及び支出効果の実質によって判断するのが相当であるから、本件各工事によって本件建物の住宅の居住用機能を回復させる目的があったとしても、本件建物の規模との比較のみによって判断するものではない。そして、本件各工事は、単に既存の台所設備及び浴室設備の一部を補修・交換したものではなく、本件建物の各住宅内で物理的・機能的に一体不可分の関係にある台所及び浴室について既存の各設備等を全面的に取り壊し、新たにシステムキッチン及びユニットバスを設置し、台所及び浴室を新設したものであり、このことは、本件建物の各住宅を形成していた一部分の取壊し・廃棄と新設が同時に行われたとみるべきものである。そうすると、本件各取替費用は、修繕費とは認められず、台所及び浴室を新設したことによって本件建物の価値を高め、又はその耐久性を増すことになるものと認められるから、本件建物に対する資本的支出に該当する。

《参照条文等》

所得税法第37条第1項

所得税法施行令第181条

所得税基本通達37 – 10、37 – 11、37 – 13

《参考判決・裁決》

東京高裁平成17年10月27日判決（税資255号順号10178）

広島地裁平成5年3月23日判決（税資194号867頁）

平成2年1月30日裁決（裁決事例集No.39）

　では、資本的支出をした場合に、どのように減価償却を計上していくのか。

　資本的支出を行った場合の減価償却は、原則として、その資本的支出を行った減価償却資産と種類及び耐用年数を同じくする減価償却資産を新たに取得したものとして、その資本的支出を取得価額として減価償却を行っていきます。

　一部特例もありますので、国税庁のタックスアンサーをご参照ください。

タックスアンサーで
例示されているケースを紹介

資本的支出を行った場合の減価償却

[令和2年4月1日現在法令等]

　減価償却資産に対して資本的支出（固定資産の使用可能期間を延長又は価額を増加させる部分に対応する支出の金額）を行った場合、その資本的支出は減価償却の方法により各年分の必要経費に算入することになります。

　資本的支出を行った場合の減価償却は次のようになります。

・ 平成19年3月31日以前に行った資本的支出

その資本的支出を行った減価償却資産の取得価額に、その資本的支出を加算して減価償却を行います。

2．平成19年4月1日以後に行った資本的支出

（1）原則

その資本的支出を行った減価償却資産と種類及び耐用年数を同じくする減価償却資産を新たに取得したものとして、その資本的支出を取得価額として減価償却を行います。

（2）特例

イ　平成19年3月31日以前に取得した減価償却資産に資本的支出を行った場合

上記（1）の原則にかかわらず、その資本的支出を行った減価償却資産の取得価額に、その資本的支出を加算して減価償却を行うことができます。

ロ　定率法を採用している減価償却資産に資本的支出を行った場合

平成19年4月1日以後に取得した定率法を採用している減価償却資産に資本的支出を行った場合、資本的支出を行った翌年1月1日において、その資本的支出を行った減価償却資産の期首未償却残高と上記（1）の原則により新たに取得したものとされた減価償却資産（資本的支出の部分）の期首未償却残高の合計額を取得価額とする一の減価償却資産を新たに取得したものとして減価償却を行うことができます。

（注）　平成23年12月の償却率の改正により、平成24年4月1日以後に取得したものとされる減価償却資産については200％定率法を、平成24年3月31日以前に取得した減価

償却資産は250％定率法を適用することになります。

　このように、異なる償却率が適用されることから、平成24年3月31日以前に取得した減価償却資産（以下「旧減価償却資産」といいます。）に平成24年4月1日以後に資本的支出を行った場合には、旧減価償却資産とその資本的支出を合算して一の減価償却資産を新たに取得したものとする特例の適用はありません。

ハ　同一年中に複数回の資本的支出を行った場合の特例

　　同一年中に複数回行った資本的支出につき定率法を採用している場合で、上記ロの適用を受けない場合には、資本的支出を行った翌年1月1日において、上記（1）の原則により新たに取得したものとされた減価償却資産（資本的支出の部分）のうち、種類及び耐用年数を同じくするものの期首未償却残高の合計額を取得価額とする一の減価償却資産を新たに取得したものとして減価償却を行うことができます。

　なお、平成24年中に複数回の資本的支出を行った場合は、平成24年3月31日までに行った資本的支出により新たに取得したものとされる減価償却資産と平成24年4月1日以後に行った資本的支出により新たに取得したものとされる減価償却資産とは、異なる種類及び耐用年数の資産とみなされます。

（所令127、旧所令127、平19改正所令附則1、12、平23.12改正所令附則1、2）

事例 21

個人事業の交際費の範囲

個人のアパート経営の場合、交際費の上限はないが範囲は狭い

事例

　昨年アパート経営を始めました。交際費に上限がないと聞いていましたので、確定申告の際に、ビジネス系のセミナーに通っていた費用やそのときの食事代などを交際費としたところ税務署から認められませんでした。

　しっかりと確認をすればよかったです。

失敗の
ポイント

法人と違って、交際費等の金額に制限はありませんが、個人のアパート経営では交際費の範囲は狭いです。

明らかにアパート経営に直接関係する（収益を得ることにつながる、あるいは業務遂行に必要な）支出でなければ交際費とは認められません。

[解説]

　交際費とは、取引業者など事業に関係のある相手に対する接待・供応・贈答などのために支出する費用をいいます。ですので、名称が接待費・広告宣伝費・機密費・交通費などであっても事業活動を有利に展開するために支出する経費は、交際費となります。

　個人事業の場合、必要経費として認められるのは、「取引の記録などに基づいて、業務遂行上直接必要であったことが明らかに区分できる場合のその区分できる金額」に限られます。

　アパート（不動産）経営の収益を上げるために必要なものでなくてはいけないということです。

　交際費として認められるのは、例えば、次のような支出です。

・税理士、不動産会社、広告会社、建築業者など取引先との打ち合わせでかかった費用（食事代、交通費なども含む。）
・不動産経営に関する講演会、勉強会の参加費用

・取引先へのお中元・お歳暮などの贈答費用

・取引先への手土産代

・取引先への慶弔費用

　領収書をもらうのが基本ですが、割り勘の会食や慶弔費など、領収書がもらえない場合には記録を残したうえで、出金伝票で処理します。

[図] アパート経営の必要経費として
　　　交際費になるものorならないもの

交際費になるもの	交際費にならないもの
・ 事業の関わりのある取引先（建築業者・広告会社・不動産業者）との飲食代	・ 従業員の慰安やレクリエーションのための飲食代（福利厚生費となる）
・ 取引先を招待しての旅行費用	・ 社内会議を行う際に準備する弁当代（会議費となる）
・ 取引先とのゴルフプレー代	・ 事業に関わりのない友人とのゴルフプレー代（家事費用となる）
・ 取引先へのお中元・お歳暮などの贈答費用	・ 事業に関わりのない親族への贈答費用（家事費用となる）
・ 取引先への慶弔費用（香典・お祝い金など）	・ 事業に関わりのない親族への慶弔費用（家事費用となる）

事例 22

アパート建築中の ローン利息

アパート建築中のローン利息は、
事業開始時の必要経費とならない

　新しくアパートの経営を始めます。手始めとし
て土地を購入し、建物を建設していましたが、確
定申告において建築中のローン利息を全額必要経
費として計上しました。

　ところが、税務署から間違いを指摘されてしま
いました。何棟もアパート経営をしている友人か
らあらかじめローン利息も必要経費にできると聞
いていたのに、どうして間違いなのか、納得がい
きません。一体どこがいけなかったのでしょうか。

**失敗の
ポイント**

　新たにアパート経営を始める前、ア
パートの建築中に支払ったローン利息
は、まだ事業を開始する前なので、建
物の取得価額に算入します。
　つまり、この場合の金利は経費で落
とすことができないということになり
ます。

[解説]

　金融機関からのローン利息部分の取り扱いについては、実は時期とケースによって異なります。以下それぞれの場合で分けて詳しく見ていきましょう。

◎固定資産を取得するためのローンの利息（賃貸事業開始後）

　　毎年の必要経費となります。しかし、不動産所得が赤字の場合、土地部分に関するローン利息は必要経費とはなりませんので注意が必要です。ただし、この場合であっても建物部分に関するローン利息については必要経費となります。

　　ローン金利が土地部分についてのものか、それとも建物部分についてのものかで取り扱いが変わってきます。建築資金としてローンを組む段階から元本については土地についてのものかそれとも建物についてのものかどちらに該当するか注意をして契約を結ぶ必要があります。

◎アパート建築中の利息

（新たに不動産賃貸事業を開始する前までの期間）

　　建物の取得価額に含めます。

　　新しくアパート経営を開始する場合、アパートの建築中及び不動産賃貸事業を開始する前までの期間に支払ったローン利息については、賃貸収入が発生していないため、その年の必要経費には算入できません。

　　この場合のローン利息については、建物の取得価額に含めて、減価償却費の対象となります。つまり、減価償却費として将来賃貸収入が発生して以降に、各年に相応する経費として按分されることになります。そのためローン利息については、一旦資産に計上されることから、経費として扱われるタイミングが長期に及び、かつ各年において少額に留まってしまうことになりますので注意が必要になります。

◎２棟目のアパートを建築中の利息

　　既にアパート経営をしていて、２棟目を建てるために借りたローン利息は必要経費になります。

　　既に不動産賃貸事業を開始している場合には、ローン利息について経費とするだけの不動産賃貸収入の実際の裏付けがあるため、資産に計上する必要性がありません。そのため、この場合に発生したローン利息についてはそれぞれの年の確定申告時に必要経費として処理することとなります。

◎建て替え期間中の利息

　　既にアパート経営をしていて、現在の建物を建て替えるためにローンを組んだ場合、立て替え期間中の利息は全額必要経費になります。

　　これも先程の『２棟目のアパートを建築中の利息』での取り扱いと同じく、既にアパート経営をしているということは、現在の建物を建て替えるためのローン利息も経費とするに足りる不動産賃貸収入に

ついて、実際の取引の裏付けが既に存在するため、資産に計上して将来の費用として按分する必要がありません。

　そのため、この場合に発生したローン利息についてもそれぞれの年の確定申告時に必要経費として処理することとなります。

[図] ローン利息部分の取り扱いのマトリクス

該当する利息部分	・固定資産を取得するためのローンの利息（賃貸事業開始後）	・アパート建設中の利息（新たに不動産賃貸業を開始するまでの期間）	・アパート建設中の利息（2棟目のアパートを建設中の利息、建て替え期間中の利息）
税務上の取り扱い	毎年の必要経費	建物の取得価額	必要経費

派生論点　不動産売却の際の譲渡所得の計算はどうなるの？

　これまでの話を踏まえると実際にアパートを売却した際には不動産売却の際の譲渡所得はどのように計算されるのでしょうか。

　この点、アパートの売却の際の譲渡所得の金額については、アパートの敷地や建物を実際に売却した金額から取得費と譲渡費用を差し引いて計算します。

　この場合、取得費とは、土地について考えると、実際に購入した際の購入代金や購入手数料などの合計額となります。

　一方で建物の場合は、同じく購入代金などの合計額から所有期間中の減価償却費相当額を差し引いた額となります。

　この取得費には、先の説明に述べた借入金の利子も含まれることとなります。

　重ねて借入金の利子とは、土地建物を購入するために資金を借り入れた

日からその土地建物を実際に使用開始する日までの期間に対応する部分が該当します。

　極端な話になりますが、借入金で購入した土地や建物を全く使用することなく売却した際には、借り入れた日から売却した日までの利子が全額取得費に含まれることになります。

　ただし、使用開始する日までの期間に対応する利子の額であっても、事業所得や不動産所得などの必要経費に含めた借入金の利子は取得費に含めることはできませんので注意が必要です。

　経費として収入から差し引くことができなかった利息については、一旦資産に計上されることになりますから、売却の際に生じる譲渡所得を計算する際にはその同じ金額分だけ所得を抑える効果があるのですね。

　さらにこの譲渡所得に対して税率をかけてアパート不動産の譲渡についての税金が求められることになります。

事例 23

資金繰り目的の ローンの利息

資金繰りのためのローンの利息は必要経費にはならない

　店舗兼住宅の賃貸ビル1棟を所有していますが、資金繰りが苦しくなったので、まずいとは思いながらも入居者から預かっていた保証金（敷金）をローンの返済に充てていました。しかし、テナントが退居となったときに返金を用意できず、銀行から借り入れました。

　確定申告の際に、その利息分を必要経費としておいたところ、税務署から否認されてしまいました。

資金繰りに困って申し込んだ借り入れに対する利息は、不動産所得の必要経費にはなりません。税務署の調査の対象にもなります。

［解説］

　大家として預かっている保証金や敷金は、原則的に返金義務のある預り金です。返金することが確定している部分のお金については、突然の退居に備えて必ず確保しておかなければいけません。

　返金ができずに融資を受けた場合ですが、家事費、家事関連費のためのものであり、事業の遂行に直接必要なものとは認められないため、その利息部分は必要経費にはならないので注意が必要です。

　必要経費になるのは、事業の遂行に直接要した費用の額となるアパート経営に使う土地や建物を購入するためのローンの利息部分であり、資金繰りのためのローンの利息部分、あるいは、信用保証協会への保証料などは不動産所得の必要経費としては認められません。

　その他、アパート経営に使う土地や建物を購入するために借入をする際に、自宅を担保に供した場合には、借入をして購入した自宅のローンの利息部分も家事費、家事関連費となりますので、必要経費として認められません。

　また、不動産所得に対する、所得税や住民税を納付するために借入をした場合の利息は、所得の計算上必要経費に算入されない当該税金に充てるために要した利息となりますので、必要経費として認められません。

[図] ローン利息部分の取り扱いのマトリクス

アパート購入
資金

事業の遂行に
直接必要

必要経費
支払利息

BANK

資金繰り目的
資金

家事費、家事関連費
または
必要経費に認められない
費用等に充当

必要経費
支払利息

BANK

24

青色申告者となる要件

青色申告者となるのに事業規模は関係ない

事例

　5年前から分譲マンション一室で不動産賃貸を始めました。青色申告のことは知っていましたが、事業的規模とは言えないのでずっと白色申告をしてきました。しかし、先日、知人から「あなたも青色申告ができる」と教えられました。

　しっかりと調べたうえで判断すればよかったです。

**失敗の
ポイント**　各種特典のある青色申告者には、事業の規模に関係なく、しかるべき帳簿管理と申告をすればなれます。相談者は、勝手な思い込みで諦めるのではなく、制度をきちんと確認すべきでした。「帳簿管理などが面倒」という声もありますが、平成26年（2014年）からは白色申告者についても、現金出納帳レベルの帳簿記入が必須になっており、白色と青色の労力の差は以前より小さくなっています。

　　　　　　　　　　　　　　　　［解説］

　青色申告制度とは、不動産所得（土地・建物などの貸付けによる所得）、事業所得、山林所得がある人のうち、収入金額や必要経費に関する日々の取引の状況について一定水準の記帳をし、正しい申告をしている人が受けられる優遇制度です。

　青色申告者となるに当たって、その事業規模は問われません（ただし、事業規模によって受けられる特典等は変わります）。

　この場合の事業規模かどうかの判定は、社会通念上事業と称するに至る程度の規模で行われているかどうか実質的に判断しますが、次のいずれかの基準に該当すれば、原則事業として行われているものとして取り扱いま

す。

①貸間、アパート等については、貸与することのできる独立した室数が概
　ね10室以上であること。

②独立家屋の貸付けについては、概ね5棟以上であること。

　記帳は、正規の簿記（一般的には複式簿記）によることが原則ですが、現
金出納帳、売掛帳、買掛帳、経費帳、固定資産台帳のような簡易記帳も認め
られています。（［図1］主な簡易記帳①現金出納帳②固定資産台帳を参照）

［図1］ 主な簡易記帳

①現金出納帳

【設例：入金取引】

①現金売上	10月4日	中野商店にノート420冊（@100）¥42,000を販売し、代金を現金で受け取る。
②現金売上の返品	10月10日	中野商店に10月4日に販売したノート3冊（@100）について、キズものにつき、返品を受ける。
③雑収入	10月10日	空箱売却代　¥2,000を現金で受け取る。
④預金からの引き出し	10月14日	甲銀行b支店　普通預金から¥100,000を引き出す。
⑤売掛金の回収	10月25日	上野商店より売掛金のうち¥30,000を現金で受け取る。
⑥事業主からの借入れ	10月30日	事業主より現金¥500,000を借り入れる。

【記載例】

	○年 月 日	摘　要	入　金		出　金		現　金 残　高
			現金売上	その他	現金仕入	その他	
	1　1	前年より繰越					81,210
①	10　4	現金売上　中野商店　ノート420冊@100	42,000				102,650
②	10	現金売上の返品　中野商店　ノート3冊@100	△300				
③	〃	雑収入　空箱売却代		2,000			104,350
④	14	預金引出　甲銀行b支店普通預金				100,000	204,350
⑤	25	売掛金入金　上野商店				30,000	328,020
⑥	30	事業主借				500,000	828,020

（注）1　②の返品は赤書き
　　　2　売掛金を回収した場合には、同時に売掛帳のその得意先の口座の「受入金額」欄にも記載します。
　　　3　「事業主借」とは、家計用の現金を事業用に充てるような場合に使用する勘定科目です。

②固定資産台帳

【設例①】

店舗兼住宅の購入	○年5月10日	店舗兼住宅（100㎡。うち店舗部分40㎡）を購入し、代金¥12,000,000を現金で支払う。

※　平成19年4月1日以降の取得の例です。

【記載例】

木　造　店　舗

番号　____
種類　建物

	取得年月日	○.5.10	償却方法	定額法
	所　在	千代田区	償却率	0.046
	耐用年数	22年		

年 月 日	摘　要	取　得			償却額		現　在		備　考	
		数量	単価	金　額			数量	金　額	事業専用割合	必要経費算入額
○　5　10	店舗兼住宅購入	100㎡		12,000,000				12,000,000		
	累　計			12,000,000				12,000,000		
12　31	○年減価償却費				368,000			11,632,000	40	147,200
	累　計			12,000,000				11,632,000		147,200

※「償却額」欄の減価償却費の計算：

$$\underset{\substack{（取得価額）\\12,000,000円}}{\boxed{（償却の基礎になる金額）}} \times \underset{（償却率）}{0.046} \times \underset{（使用月数）}{\frac{8}{12}} = 368,000円$$

出典：国税庁HP「帳簿の記帳のしかた（URL: https://www.nta.go.jp/taxes/shiraberu/shinkoku/kojin_jigyo/kichou03.pdf）」

[図2]「青色申告承認申請書」の見本

税務署受付印					1 0 9 0

所得税の青色申告承認申請書

_____ 税務署長

_____年_____月_____日提出

納 税 地	○住所地・○居所地・○事業所等（該当するものを選択してください。） (〒　　－　　) （TEL　　－　　－　　）
上記以外の 住 所 地 ・ 事 業 所 等	納税地以外に住所地・事業所等がある場合は記載します。 (〒　　－　　) （TEL　　－　　－　　）
フリガナ 氏　　名　　　　　㊞	生年月日 ○大正 ○昭和 ○平成 ○令和 　年　月　日生
職　　業	フリガナ 屋　号

令和____年分以後の所得税の申告は、青色申告書によりたいので申請します。

1　事業所又は所得の基因となる資産の名称及びその所在地（事業所又は資産の異なるごとに記載します。）

名称_____　所在地_____

名称_____　所在地_____

2　所得の種類（該当する事項を選択してください。）

○事業所得　・○不動産所得　・○山林所得

3　いままでに青色申告承認の取消しを受けたこと又は取りやめをしたことの有無

(1)　○有（取消し・○取りやめ）　____年____月____日　　(2)　○無

4　本年1月16日以後新たに業務を開始した場合、その開始した年月日　　____年____月____日

5　相続による事業承継の有無

(1)　○有　相続開始年月日　____年____月____日　被相続人の氏名_____　　(2)　○無

6　その他参考事項

(1)　簿記方式（青色申告のための簿記の方法のうち、該当するものを選択してください。）

○複式簿記・○簡易簿記・○その他（　　　　　　　　　）

(2)　備付帳簿名（青色申告のため備付ける帳簿名を選択してください。）

○現金出納帳・○売掛帳・○買掛帳・○経費帳・○固定資産台帳・○預金出納帳・○手形記入帳
○債権債務記入帳・○総勘定元帳・○仕訳帳・○入金伝票・○出金伝票・○振替伝票・○現金式簡易帳簿・○その他

(3)　その他

関与税理士 （TEL　　－　　－　　）	税務署整理欄	整 理 番 号	関係部門 連　絡	A	B	C
		0				
		通 信 日 付 印 の 年 月 日	確 認 印			
		年　月　日				

一定水準以上の記帳と正しい申告、書類の保存などを行うためには、それなりの労力がかかります。そのため、青色申告者は、所得金額の計算などについて、主として図３のような特典が受けられることになっています。

[図３] 青色申告と白色申告の違い　（比較表）

	青色	白色
青色申告特別控除（最大65万円）	あり	なし
青色事業専従者給与（必要経費算入）	あり	なし
貸倒引当金の繰入（必要経費算入）	あり	なし
純損失の繰り越しと繰り戻し	あり	なし
※推計課税	なし	あり

※推計課税とは税務署が更正または決定をする場合に、その者の財産もしくは債務の増減の状況、収入もしくは支出の状況または生産量、販売量その他の取扱量、従業員数その他事業の規模によりその者の各年分の各種所得の金額または損失の金額を推計して、更正または決定する課税方法を推計課税といいます。ただし、白色申告者であっても実際の金額が確認できない場合に初めて推計課税されるのであって、実際の収入金額や支出金額が確認できる場合や青色申告の場合には、原則として推計課税されることはありません。

　その他、2019年度税制改正で導入された「個人版事業承継税制」の適用を受ける場合についても青色申告が要件となります。「個人版事業承継税制」とは、個人事業主が事業の用に供している事業用資産を一定の要件を満たす後継者へ贈与や相続で承継する際に、その事業用資産に係る贈与税や相続税の納税が猶予される制度です。この特例の適用を受ける場合には、令和６年（2024年）３月31日までに「個人事業承継計画」を都道府県知事に提出する必要があります。

　ところで、青色申告の承認は、次の理由などに該当する年分以後の年分について取り消されることがあります。

1．税務調査の際に帳簿書類を提示しない場合

2．税務署長の指示に従わない場合

3．隠ぺい、仮装等がある場合

4．相当の事情がある場合の個別的な取り扱い

5．（法人の場合）2事業年度連続して期限内に申告書の提出がない場合――など

　承認が取り消された場合、通知を受けてから1年間は再申請できません。そのため、例えば、個人事業主が平成30年（2018年）夏に取消通知を受けた場合には、青色申告できるのはさらにその翌年の令和2年（2020年）から（法人はその翌事業年から）になります。

事例

25

青色申告の申請期限

白色申告者が新たに青色申告者になる場合の申請期限は、
その年の3月15日まで

事例

　事業規模にかかわらず、青色申告ができるとき
きました。善は急げと今年の確定申告から青色申
告にするつもりで手続きを始めたら、申請期限は
昨春に既に過ぎていました。

**失敗の
ポイント**

　相談例にもあったように、白色申告
者が新たに青色申告者になる場合の申
請期限は、その年の3月15日までと
なっていますから注意が必要です。

青色申告承認申請書は原則として、最初に青色申告をしようとする年の3月15日まで提出することになりますが新規開業（その年の1月16日以後に新規に業務を開始したり、不動産の貸付けをした場合）においては、業務を開始した日から2ヶ月以内です。

　また、相続によって、青色申告をしていた被相続人の業務を承継した場合は、相続の開始を知った日の翌日から4ヶ月以内（被相続人の死亡による準確定申告書の提出期限）に提出します（死亡の日がその年の1月1日から8月31日の場合）。

　被相続人の死亡の日がその年の9月1日から10月31日の場合は、その年の12月31日が期限。死亡の日がその年の11月1日から12月31日の場合は、翌年2月15日までになります。

　なお、提出期限が土曜日・日曜日・祝日等に当たる場合は、これらの日の翌日が期限となります。

　ただし、相続によって被相続人の事業を承継した場合において、被相続人が青色申告書ではなく、白色申告書を提出していた場合においては、被相続人の死亡の日に関係なく、原則的な提出期限である、最初に青色申告をしようとする年の3月15日まで〈新規開業（その年の1月16日以後に新規に業務を開始したり、不動産の貸付けをした場合）においては、業務を開始した日から2ヶ月以内〉までに青色申告承認申請書を所轄税務署へ提出する必要があります。

（具体例）
①令和2年1月16日以降に新規に業務を開始したり、不動産の貸付けを
　開始した場合

新規に業務を開始したり、不動産の貸付けをした日から2ヶ月以内に青
色申告承認申請書提出することで、令和2年度分から青色申告可能

②①以外の場合（相続による業務の承継を除く）

令和3年3月15日までに青色申告承認申請書を提出すれば、令和3年度
分から青色申告可能

[図] 青色申告の申請期限（一覧表）

区分		申請期限
原則		その年の3月15日
新規開業（その年の1月16日以後に新規に業務を開始した場合）		業務を開始した日から2ヶ月以内
相続によって、青色申告をしていた被相続人の業務を承継した場合	死亡の日がその年の1月1日から8月31日の場合	相続の開始を知った日の翌日から4ヶ月以内（被相続人の死亡による準確定申告書の提出期限）
	9月1日から10月31日の場合	その年12月31日
	11月1日から12月31日の場合	翌年2月15日

【相続により賃貸物件を引き継いだ場合の注意点】

〈事例〉

相続により引き継いだ賃貸物件に係る賃料を相続人の1人が代表して、まとめて申告していた。

〈失敗のポイント〉

相続開始の日から遺産分割協議が整うまでの間の賃貸物件に係る賃料は各相続人が法定相続分に応じて申告することになります。

〈解説〉

相続財産の中に賃貸物件がある場合には下記の点にご注意ください（遺言等により賃貸物件の取得者が定められている場合を除きます）。

【未分割遺産から生ずる不動産所得（国税庁HPタックスアンサーNo.1376）】

Q　賃貸の用に供している不動産を所有していた父が亡くなりましたが、遺言もなく、現在共同相続人である3人の子で遺産分割協議中です。この不動産から生ずる収益は長男の名義の預金口座に入金していますが、不動産所得はその全額を長男が申告すべきでしょうか。

A　相続財産について遺産分割が確定していない場合、その相続財産は各共同相続人の共有に属するものとされ、その相続財産から生ずる所得は、各共同相続人にその相続分に応じて帰属するものとなります。

したがって、遺産分割協議が整わないため、共同相続人のうちの特定の人がその収益を管理しているような場合であっても、遺産分割が確定するまでは、共同相続人がその法定相続分に応じて申告することとなります。

　なお、遺産分割協議が整い、分割が確定した場合であっても、その効果は未分割期間中の所得の帰属に影響を及ぼすものではありませんので、分割の確定を理由とする更正の請求又は修正申告を行うことはできません。

　遺産分割協議が整わない場合は各相続人がそれぞれ確定申告書を提出しなければなりません。

　従いまして、各相続人がそれぞれ開業届・青色申告承認申請書などの書類を納税地の税務署長に一定の提出期限内に提出する必要があります。

　また、遺産分割協議が整った後、不動産賃貸事業を行わなくなった場合には、「個人事業の開業・廃業等届出書」、「所得税の青色申告の取りやめ届出書」などをそれぞれ一定の提出期限内に納税地の所轄税務署長に提出する必要があります。

【自己居住用の物件を賃貸物件として活用される場合】

〈事例〉

　自己居住用の物件を賃貸物件として活用したが、確定申告書に物件購入時の金額を賃貸物件の取得価額として計上し、減価償却費を計上していた。

〈失敗のポイント〉

　非業務用から業務用に転用した場合にはまず、未償却残高の算定が必要になります。

　また、耐用年数は賃貸物件が中古物件か新築物件かにより異なります。

〈解説〉

　アパート経営を検討している方の中には、転居等に伴い現在自身の住居として使用している分譲マンション等を賃貸事業として活用される方もいるかと思います。そのような場合には下記の点にご注意ください。

【中古資産を非業務用から業務用に転用した場合の減価償却（国税庁HPタックスアンサー No.2108）】

　中古で取得した家屋や自動車のように使用や期間の経過により減価する資産で、不動産所得、事業所得、山林所得又は雑所得を生ずべき業務の用に供していないもの（以下「非業務用資産」といいます。）を、これらの所得を生ずべき業務の用に供した場合の減価償却費の計算は、まず、非業務用資産として使用していた期間における「減価の額」の計算を行い、この「減価の額」をその資産の

取得価額から控除した金額（以下「未償却残高相当額」といいます。）をその業務の用に供した日におけるその資産の未償却残高とします。

　次に、この未償却残高又は取得価額を基礎として、その業務の用に供した後の減価償却費の計算を行うこととなりますが、その計算に当たっては、いわゆる中古資産の見積耐用年数による償却率により、その計算を行うことができます。

＜業務の用に供した日における未償却残高相当額の計算＞

　その資産の取得価額から、その資産と同種の減価償却資産に係る耐用年数に1.5を乗じて計算した年数により旧定額法に準じて計算した金額に、その資産の業務の用に供されていなかった期間に係る年数を乗じて計算した金額を控除した金額です。

【計算式】

その資産の所得価額	−	業務の用に供されていなかった期間（※1）につき、その資産の耐用年数の1.5倍に相当する年数（※2）で、旧定額法に準じて計算した減価の額	=	その資産の業務の用に供した日における未償却残高相当額

※1　業務の用に供されていなかった期間に係る年数に1年未満の端数があるときは、6月以上の端数は1年とし、6月に満たない端数は切り捨てます。

※2　1.5倍に相当する年数に1年未満の端数があるときは、1年未満の端数は切り捨てます。

（注）

1　非業務用資産の減価の額の計算は、旧定額法によることに留

意してください。

また、非業務用資産の減価の額に係る計算においては、所得税法施行令第134条第2項((減価償却費の償却累積額による償却費の特例))の適用はありません。

なお、減価の額の累積額が取得価額の95％に相当する金額に達した非業務用資産を業務の用に供した場合は、平成20年分以後において所得税法施行令第134条第2項の規定に従い、減価償却費を計算することになります。

2　昭和27年12月31日以前に取得した資産を業務の用に供した場合は、①昭和28年1月1日現在における価額として同日におけるその資産の現況に応じ、同日においてその資産につき相続税及び贈与税の課税標準の計算に用いるべきものとして国税庁長官が定めて公表した方法により計算した価額（いわゆる相続税評価額）と、②昭和28年1月1日以後に支出した設備費、改良費などの資本的支出の合計額（取得価額）を基にして業務の用に供した日における未償却残高を次の計算式で計算します。

ただし、①の価額については、その資産の取得価額と昭和27年12月31日までに支出した設備費、改良費の合計額から昭和28年1月1日までの減価の額の累積額を控除した金額が昭和28年1月1日における相続税評価額より多いことが証明された場合は、その額となります。

【計算式】

(注)2で計算したその資産の取得価額	−	左の金額を基礎とし、昭和28年1月1日から業務の用に供した日の前日までの期間（※1）につき、その資産の耐用年数の1.5倍に相当する年数（※2）で旧定額法に準じて計算した減価の額	=	その資産の業務の用に供した日における未償却残高相当額

※1　業務の用に供されていなかった期間に係る年数に1年未満の端数があるときは、6月以上の端数は1年とし、6月に満たない端数は切り捨てます。

※2　1.5倍に相当する年数に1年未満の端数があるときは、1年未満の端数は切り捨てます。

【新築家屋等を非業務用から業務用に転用した場合の減価償却（国税庁HPタックスアンサー No.2109）】

　家屋や自動車のように使用や期間の経過により減価する資産で、不動産所得、事業所得、山林所得又は雑所得を生ずべき業務の用に供していないもの（以下「非業務用資産」といいます。）を、これらの所得を生ずべき業務の用に供した場合の減価償却費の計算は、まず、非業務用資産として使用していた期間における「減価の額」の計算を行い、この「減価の額」をその資産の取得価額から控除した金額（以下「未償却残高相当額」といいます。）をその業務の用に供した日におけるその資産の未償却残高とします。

　次に、この未償却残高又は取得価額を基礎として、その業務の用に供した後の減価償却費の計算を一般の場合と同様に行います。

＜業務の用に供した日における未償却残高相当額の計算＞

　その資産の取得価額から、その資産と同種の減価償却資産に係る耐用年数に1.5を乗じて計算した年数により旧定額法に準じて計算した金額に、その資産の業務の用に供されていなかった期間に係る年数を乗じて計算した金額を控除した金額です。

【計算式】

その資産の取得価額	−	業務の用に供されていなかった期間（※１）につき、その資産の耐用年数の1.5倍に相当する年数（※２）で、旧定額法に準じて計算した減価の額	＝	その資産の業務の用に供した日における未償却残高相当額

※１　業務の用に供されていなかった期間に係る年数に1年未満の端数があるときは、6月以上の端数は1年とし、6月に満たない端数は切り捨てます。

※２　1.5倍に相当する年数に1年未満の端数があるときは、1年未満の端数は切り捨てます。

(注)

1　非業務用資産の減価の額の計算は、旧定額法によることに留意してください。

　また、非業務用資産の減価の額に係る計算においては、所得税法施行令第134条第2項（（減価償却費の償却累積額による償却費の特例））の適用はありません。

　なお、減価の額の累積額が取得価額の95％に相当する金額に達した非業務用資産を業務の用に供した場合は、平成20年分以後において所得税法施行令第134条第2項の規定に従い、減価償却費を計算することになります。

2　昭和27年12月31日以前に取得した資産を業務の用に供した場合は、①昭和28年1月1日現在における価額として同日におけるその資産の現況に応じ、同日においてその資産につき相続税及び贈与税の課税標準の計算に用いるべきものとして国税庁長官が定めて公表した方法により計算した価額（いわゆる相続税評価額）と、②昭和28年1月1日以後に支出した設備費、改良費などの資本的支出の合計額（取得価額）を基にして業務の用に供した日における未償却残高を次の計算式で計算します。

ただし、①の価額については、その資産の取得価額と昭和27年12月31日までに支出した設備費、改良費の合計額から昭和28年1月1日までの減価の額の累積額を控除した金額が昭和28年1月1日における相続税評価額より多いことが証明された場合は、その額となります。

【計算式】

（注）2で計算したその資産の取得価額	－	左の金額を基礎とし、昭和28年1月1日から業務の用に供した日の前日までの期間（※1）につき、その資産の耐用年数の1.5倍に相当する年数（※2）で旧定額法に準じて計算した減価の額	＝	その資産の業務の用に供した日における未償却残高相当額

※1　業務の用に供されていなかった期間に係る年数に1年未満の端数があるときは、6月以上の端数は1年とし、6月に満たない端数は切り捨てます。

※2　1.5倍に相当する年数に1年未満の端数があるときは、1年未満の端数は切り捨てます。

事例 **26**

青色申告の 65万円控除

青色申告の65万円控除は事業的規模でないと認められない

事例

　アパート（6部屋）を賃貸している青色申告者です。

　事業規模にかかわらず青色申告ができるとのことで、今年度から白色申告から青色申告に切り替えました。

　青色申告には65万円控除の特典があると聞いており、そのように確定申告をしたところ、税務署から否認されてしまいました。

不動産所得で青色申告の65万控除
を受けるには、事業的規模（一戸建て
なら概ね5棟以上、貸間・アパート等
では独立した室数が概ね10室以上）
である必要があります。

[解説]

　青色申告者になると、不動産所得、事業所得及び山林所得を通じて最高
10万円が、また、次の条件に該当する場合には、最高65万円が控除されま
す（不動産所得の金額または事業所得の金額の合計額が65万円より少ない
場合は、その合計額が控除の限度）。

◎不動産所得のみの場合、一戸建てなら概ね5棟以上、貸間・アパート等
　では独立した室数が概ね10室以上の事業的規模であること。駐車場な
　どの貸地であれば、概ね5件（5台分）で「1室」とみなします。

　不動産の貸付けが事業として行われているかどうかについては、社会通
　念上事業と称する程度の規模で行われているかどうか、実質的に判断し
　ます。ただし、上記の基準に該当すれば、原則として事業的規模として
　取り扱われます。

◎これらの所得にかかわる取引を、正規の簿記の原則（一般的には複式簿
　記）により記帳していること。

　簿記には、単式簿記と複式簿記があります。

　単式簿記は単式とあるように取引を一つの勘定科目に絞って記載する方
　法です。単式簿記は基本的には現金の増減を把握するための方法です。

入出金だけを把握する単式簿記は現金や預金、借入金などの残高がわからない欠点があります。

複式簿記は複式とあるように、取引を複数の科目で記載する方法です。複式簿記では左側を「借方」右側を「貸方」と呼び、「借方」か「貸方」のどちらかに現金や借入金などの勘定科目が使用されます。そのため現金や借入金の増減を簿記によってあらわすことができますので、財政状況を把握できます。

◎貸借対照表及び損益計算書を確定申告書に添付し、この控除の適用を受ける金額を記載して、法定申告期限内に提出すること。

貸家　　5棟以上

アパート　10室以上

駐車場　　50台以上

ちなみに、不動産所得の計算上での「事業的規模とそうでない場合の違い」は、青色申告特別控除や青色事業専従者給与の他にもあります。

令和2年分以後の所得税の申告について、青色申告特別控除の見直しが行われます。

(1) 不動産所得または事業所得に係る取引を正規の簿記の原則により記帳している方が適用を受けることができる青色申告特別控除の控除額が、65万円から55万円に引き下げられます。

(2) 上記（1）にかかわらず、正規の簿記の原則により記帳している方で、次のいずれかに該当する方については65万円の青色申告特別控除額の適用を受けることができます。

　①その年分の事業に係る仕訳帳及び総勘定元帳について、電子帳簿保存を行っていること。

　※一定の要件の下で帳簿を電子データのままで保存できる制度です。この制度の適用を受けるには、帳簿の備付けを開始する日の3ヶ月前の日までに申請書を税務署に提出する必要があります。

　　原則として課税期間（事業年度）の途中から適用することはできません。

　②その年分の所得税の確定申告書、貸借対照表及び損益計算書等の提出を、確定申告書の提出期限までにe-Tax（国税電子申告・納税システム）を使用して行うこと。

　※e-Taxとは、申告などの国税に関する各種手続きについて、インターネットを利用して電子的に手続きを行えるシステムです。

［図1］青色申告特別控除の適用要件

令和1年分申告までの要件（改正前）		令和2年分以降の申告要件	
青色控除金額	適用要件	青色控除金額	適用要件
65万円	正規の簿記（複式簿記）で記帳する必要があります。	65万円	改正前の青色控除65万円の要件＋e-Taxによる電子申告または電子帳簿保存
	決算書（貸借対照表及び損益計算書）を添付して申告する必要があります。		
	申告期限内に申告する必要があります。	55万円	改正前の青色控除65万円の要件
10万円	簡易な記帳	10万円	改正前の青色控除10万円の要件

［図2］事業的規模とそうでない場合の、所得計算上の違い（青色申告以外も含む）

相違点	事業的規模	事業的規模でない
固定資産の除却等の損失	全額を必要経費に算入できる	除却損失等を差引く前の不動産所得の金額を限度に、必要経費に算入できる
回収不能になった賃貸料	回収不能になった年分の必要経費に算入できる	収入に計上した年分の所得がなかったものとして、所得金額の計算をやり直しする
事業専従者給与	適用あり	適用なし
青色申告特別控除	最高65万円の控除	最高10万円の控除

1．固定資産の除却等の損失

　事業的規模の場合は、固定資産の取壊などの除却等をした場合は、全額経費に算入することができます。経費が多く赤字になった場合（純損失）は、青色申告をしている場合は3年間赤字を繰り越すことができます。

　事業的規模でない場合は、その年分の除却等の損失を差し引く前の不動産所得の金額を限度として、経費に算入されます。

2．回収不能になった賃借料

　事業的規模の場合は、賃借料が回収不能になった年分の必要経費に算入できますが、事業的規模でない場合は、収入に計上した年分まで遡って所得計算をやり直すことになります。

3．事業専従者給与

　事業的規模の場合は、事業に従事している家族に給与を支払うことで、青色申告の事業専従者給与または白色申告の事業専従者控除を受けることができます。適正金額に限ります。

　事業的規模でない場合は、適用はありません。

4．青色申告特別控除

　事業的規模の場合は、正規の簿記の原則により記帳している場合は、65万円または55万円の青色申告特別控除の適用を受けることができます。

　事業的規模でない場合は、10万円の青色申告特別控除の適用を受けることができます。

※納付税額の延納に係る利子税で不動産所得に対応する金額は、必要経費に算入されます。事業的規模でない場合は、必要経費に算入することはできません。

※建物等の貸付規模が大きくなると、個人事業税（地方税）が課される場合

があります。

所得税の青色申告承認申請手続（国税庁HPより）

［概要］

青色申告の承認を受けようとする場合の手続です。

［手続対象者］

事業所得、不動産所得又は山林所得を生ずべき業務を行う方（非居住者の場合には業務を国内において行う方）のうち、青色申告の承認を受けようとする方

［提出時期］

青色申告書による申告をしようとする年の3月15日まで（その年の1月16日以後、新たに事業を開始したり不動産の貸付けをした場合には、その事業開始等の日（非居住者の場合には事業を国内において開始した日）から2月以内）に提出してください。

なお、提出期限が土・日曜日・祝日等に当たる場合は、これらの日の翌日が期限となります。

ただし、青色申告の承認を受けていた被相続人の事業を相続により承継した場合は、相続開始を知った日（死亡の日）の時期に応じて、それぞれ次の期間内に提出してください。

1. その死亡の日がその年の1月1日から8月31日までの場合……死亡の日から4か月以内

2. その死亡の日がその年の9月1日から10月31日までの場合……その年の12月31日まで

3. その死亡の日がその年の11月1日から12月31日までの場合……その年の翌年の2月15日まで

［提出方法］

申請書を作成のうえ、持参又は送付により提出してください。

事例 **27**

赤字の繰り越し

青色申告者（個人）は３年間赤字を繰り越すことができる

事例

　アパート１棟を所有し、賃貸をしています。これまでは白色申告をしてきました。相次いで空室が出たことで３年前から赤字でしたが、今年になって満室になり、黒字に戻すことができました。

　知人によると、青色申告をしていれば赤字を繰り越せたとのことで、申告の手間を惜しんで白色を選んだことを後悔しています。

失敗のポイント

　青色申告者になると、不動産事業に赤字が出た場合に他の所得と損益通算し、それでもなお赤字になった場合には（純損失）、翌年以後３年にわたって繰り越して、各年分の所得金額から控除することができます（法人の場合は現行１０年）。

　また、前年も青色申告をしていて黒字だった場合は、純損失の繰り越しに代えて、その前年分の所得税の繰越還付を受けることもできます。

 ［解説］

　青色申告者は、事業所得などに損失（赤字）があり、損益通算の規定を適用してもなお控除しきれない場合（純損失）は、その損失額を翌年以後３年間にわたって繰り越して、各年分の所得金額から控除されます。

　例えば、３年前から毎年30万円ずつの赤字を出し、今年は逆に60万円の黒字になった場合──。

　　１年目　　△30万円 ➡ 所得税は無し

　　２年目　　△30万円 ➡ 所得税は無し

　　３年目　　△30万円 ➡ 所得税は無し

4年目　　　　　60万円　➡　所得税は無し（1年目と2年目の60万円を控
　　　　　　　　　　　　　　　　除し、残った3年目の損失30万円は翌年以
　　　　　　　　　　　　　　　　後に繰り越し）

　今年の課税所得の60万円から、1年目と2年目の赤字計60万円を控除
することができ、なおかつ、今回控除しなかった3年目の赤字30万円は、
翌年以降に繰り越すことができます。

　このように赤字を繰り越して翌年以降の黒字から差し引くことを「純損
失の繰越控除」と言います（法70）。純損失が発生した翌年以降3年間繰り
越しながら、その間に生じた所得額から控除できるのです。例のように、
複数年度で赤字が発生している場合は、古い年の赤字から順に繰越控除を
行います。ですので、4年目の所得額から最初に控除するのは1年目の損
失30万円となります。

　繰越控除を受けるための要件は2つあります。赤字の生じた年で青色申
告による確定申告書を提出すること。そして赤字の生じた年から繰越控除
を受ける年まで、赤字の金額などを記載した所得税確定申告書第四表（損
失申告用）を付けた申告書を連続して提出することです（法70④）。白色申
告ではこの純損失の繰越控除を受けることができません。

　白色申告の場合には、繰り越すことのできる損失の金額は、変動所得の
損失額（事業から生じたもの）や、被災事業用資産の損失額、雑損失の金額
に限られます。変動所得とは、事業所得や雑所得のうち、漁獲やのりの採
取による所得、はまちやまだい、ひらめ、かき、うなぎ、ほたて貝、真珠、
真珠貝の養殖による所得、印税や原稿料、作曲料などによる所得で、その
年によって変動の幅が大きな所得のことを言います。被災事業用資産の損
失額とは、災害による損失を言います（災害に関連するやむを得ない支出
を含みます）。雑損失とは、災害・盗難などによる生活用資産の損失のこと
を言います。これらの損失は白色申告でも3年間繰り越すことができます
が、発生した年から連続して申告書を提出し続ける必要があります。

では青色申告をしていた場合、繰越控除の対象となる「純損失」とはどういうものでしょうか。純損失とは「損益通算しても控除しきれずに残った赤字部分」を言います。損益通算は簡単に説明すると赤字を黒字にぶつけて相殺することですが、全ての所得でできるわけではなく、損益通算が可能な赤字は次の所得に限られます。

　①不動産所得の赤字　②事業所得の赤字　③譲渡所得の赤字　④山林所得の赤字

　損益通算の具体例については事例32をご参照ください。

　このうち不動産に関わる所得で赤字が発生した場合の注意点がいくつかあります。不動産所得の損失の金額のうち、土地等を取得するために要した負債の利子の額に相当する部分の金額についてはなかったものとされるので、繰越控除の対象とされる純損失の金額とはなりませんし（措法41の４）、土地建物等に係る長期譲渡所得の損失の金額及び短期譲渡所得の損失の金額は、繰越控除の対象とされる純損失の金額とはなりません（措法31①③、32①④）ので注意が必要です。一方、土地建物等でも居住用財産（いわゆるマイホーム）の譲渡損失は要件を満たせば損益通算及び繰越控除の対象となります。

　青色申告をすることにより、「青色申告特別控除」として所得から最大65万円（または10万円）を差し引くことができる制度がありますが、この控除は所得が65万円（または10万円）未満の場合には、その所得を限度として差し引くこととなります。したがって、この場合は赤字とならないため、「純損失の繰越控除」の適用はありません。

　具体的な金額で確認してみましょう。令和２年分の確定申告より、事業的規模で不動産事業をしている方でe-Taxで申告をされる方は青色申告特別控除65万円が適用されることとなりましたが、その方の不動産所得の計算で不動産収入800万円から経費750万円を差し引いた残りが50万円だったとします。ここから差し引ける青色申告特別控除額は65万円では

なく、50万円となるのです。

×売上800万円－経費750万円－青色申告特別控除65万円＝△5万円
繰り越しできる純損失5万円。

○売上800万円－経費750万円－青色申告特別控除50万円＝0円　繰り
越しできる純損失なし。

　また、今年が赤字で前年が黒字だった場合は、その損失額を生じた年の
前年に繰り戻して（前年分の所得金額から控除し再計算して）、前年分の所
得税の還付を受けることもできます。今年の赤字を繰り越しするか、繰戻
還付を選択するかは自由ですが、両方を同時に選択することはできません。
繰戻還付を受けるためには、前年も今年も青色申告を行い、今年の確定申
告書類に還付請求書を添付することが必要です。また、繰戻還付を行うこ
とによって戻ってくる税金は所得税（国税）に限られ、住民税は戻ってきま
せんのでご注意ください。

28

家族に払う給与

青色事業専従者給与は「世間並みの水準」でなければいけない

　サラリーマンの傍ら、3棟18室のアパート経営をしています。借家人との日常的なやりとりは妻にお願いしていたので「青色事業専従者」として月50万円の給与を払い、必要経費として申告しましたが、その給与を払ったがために赤字になっていたことから、「その全てが経費とは認められない」と税務署からは金額の過大部分が否認されてしまいました。

**失敗の
ポイント**

青色事業専従者の給与は必要経費として算入できますが、その金額は、労務の対価として相当であると認められる水準でなければいけません。つまり、同じような仕事の世間的な相場とかけ離れている金額は認められません。

また、相談者の場合、そもそも青色事業専従者給与を払っているがために赤字になっている状況では、給与が過大と指摘されても仕方ありません。

[解説]

　生計を一にしている家族や親族に支払う給料は、原則として必要経費にはなりませんが、青色申告者は、「青色事業専従者」への給料を必要経費に算入できます。

　ただし、青色事業専従者給与として認められるのは、主に次のような条件を満たす場合です。

1．青色事業専従者に支払われた給与であること

　青色事業専従者とは、下記の要件の全てに該当する人をいいます。

・青色申告者と生計を一にする配偶者その他の親族であること

・その年の12月31日現在で年齢が15歳以上であること

・その年を通じて6ヶ月を超える期間、その青色申告者の営む事業にもっ

ぱら従事している（相当の理由によって事業主と生計を一にする親族として
その事業に従事することができなかった期間がある場合には、従事
できる期間の2分の1を超える）こと

また、「生計を一にする」とは、日常生活を共にすることをいいますが（明
らかにお互いに独立した生活を営んでいる場合をのぞく）、勤務・修学・療
養などの都合で親族が別居している場合でも、①生活費、学資金または療
養費などを常に送金しているとき、②勤務、修学などの余暇には他の親族
のもとで起居を共にしているときは、「生計を一にする」ものとして取り扱
われます。

2. 期限内に届出をしていること

　青色事業専従者給与額を必要経費に算入するためには、納税地の所轄税
務署長に対して「青色事業専従者給与に関する届出書」を期限内に提出す
る必要があります。

　提出期限は、青色事業専従者給与額を算入しようとする年の3月15日
までです。ただし、その年の1月16日以後、新たに事業を開始した場合や
新たに専従者がいることとなった場合には、その開始した日や専従者がい
ることとなった日から2ヶ月以内になります。

　「青色事業専従者給与に関する届出書」には、青色事業専従者の氏名、仕
事の内容、給与及び賞与の金額、支給期、昇給の基準等を記載します。専
従者給与は届出書に記載されている方法により支払われ、かつ記載されて
いる金額の範囲内で支払われたものでなければ、必要経費に算入すること
ができません。

　なお、新たな専従者が増える場合や給与を増額する場合など、過去に提
出している届出の内容を変更するためには、「青色事業専従者給与に関する
変更届出書」の提出が必要になります。

3．世間並みの金額であること

　専従者給与の金額が「労務の対価として相当であると認められる金額」であることも重要です。「相当」というのは、その仕事に対する報酬・給料として「世間並み」だとの理解が得られる額のことであり、その青色事業専従者が行っている業務を外注した場合の給与（報酬）が目安になります。

　給与の金額が世間的な相場とかけ離れており、「過大」とされた部分については、必要経費となりません。

　また、この相談者のように、そもそも青色事業専従者給与を払っているがために事業が赤字になっているような状況では、青色事業専従者への給与が過大であると税務署から指摘されても仕方ありません。

　必要経費となる青色事業専従者給与額は、支給した給与の金額が次の状況からみて相当と認められるものになります。

・ 専従者の労務に従事した期間、労務の性質及びその程度
・ あなたの事業に従事する家族以外の従業員の給与及び同業種・同規模の事業に従事する者の給与の状況
・ 事業の種類・規模及び収益の状況

　青色事業専従者が支給を受けた金額が相当と認められる金額を超えるときは、青色事業専従者は青色申告者からその超える金額を贈与により取得したものとして取り扱われます。

　なお、青色事業専従者として給与の支払いを受ける人は、給与の金額にかかわらず、控除対象配偶者や扶養親族にはなれません。

　白色申告者が事業専従者に対して支払った給与も必要経費にできます。次の2つのうち、どちらか金額の低い方が事業専従者控除額として所得から控除されます。

　1　事業専従者が事業主の配偶者であれば86万円、配偶者でなければ専従者一人につき50万円

2　この控除をする前の事業所得等の金額を専従者の数に1を足した数
　　で割った金額

　この制度を利用する場合は、確定申告書にこの控除を受ける旨やその金
額など必要な事項を記載して提出します。白色申告者の事業専従者控除に
ついては、税務署へ届出書を提出する必要はありません。
　なお、「白色事業専従者」とは、次の要件の全てに該当する人です。
◎白色申告者と生計を一にする配偶者その他の親族であること
◎その年の12月31日現在で年齢が15歳以上であること
◎その年を通じて6ヶ月を超える期間、その白色申告者の営む事業に専ら
　従事していること
　白色申告者の事業専従者である人は、青色事業専従者として給与の支払
いを受ける人と同様に、給与の金額にかかわらず、控除対象配偶者や扶養
親族にはなれません。

事例 29

分譲マンションの修繕積立金

管理組合に納める修繕積立金は必要経費に算入できる

事例

　アパートを1棟経営しています。昨年、新しく分譲マンションを購入し、賃貸に出しました。

　アパートの経理処理の経験から、修繕積立金は実際に修繕が行われた年の必要経費にしかできないと思い込んでいました。

　しかし、分譲マンションの管理組合に納めている修繕積立金はどうやら異なるようです。

一般にはあまり知られていません
が、分譲マンションの管理組合に納め
ている修繕積立金は、一定の要件を満
たす場合には、支払期日の属する年分
の必要経費に算入して差し支えありま
せん。

［解説］

　修繕積立金は、マンションの共用部分について行う将来の大規模修繕等
の費用の額に充てられるために長期間にわたって計画的に積み立てられる
ものであり、実際に修繕等が行われていない限りにおいては、具体的な給
付をすべき原因となる事実が発生していないことから、原則的には、管理
組合への支払期日の属する年分の必要経費には算入されず、実際に修繕等
が行われ、その費用の額に充てられた部分の金額について、その修繕等が
完了した日の属する年分の必要経費に算入されることになります。

　しかしながら、マンション管理組合の徴収する修繕積立金は、区分所有
者となった時点で、決められた金額を強制的に徴収されていることや、自
分の意思で修繕のタイミングを決められないことなどから、次の①〜④の
いずれの要件も満たす場合には、支払期日の属する年分の必要経費に算入
しても差し支えないものと考えられます。

①区分所有者となった者は、管理組合に対して修繕積立金の支払義務を負
　うことになること

②管理組合は、支払いを受けた修繕積立金について、区分所有者への返還

義務を有しないこと

③修繕積立金は、将来の修繕等のためにのみ使用され、他へ流用されるものでないこと

④修繕積立金の額は、長期修繕計画に基づき各区分所有者の共有持分に応じて、合理的な方法により算出されていること

アパート経営をするオーナーが、将来の修繕のために自らプールしている資金は、上記①〜④の要件を満たさないため、たとえ「修繕積立金」と名前を付けていても経費とは認められません。修繕費の積み立てをせずにキャッシュを使ってしまうオーナーが多いのは、そのためでもあります。

では、マンション管理組合に支払う修繕積立金の消費税の課税関係はどうなるでしょうか。消費税の課税対象は、（1）国内において、（2）事業者が事業として、（3）対価を得て行う、（4）資産の譲渡、資産の貸付け及び役務の提供とされています。

マンション管理組合に修繕積立金を支払った時点ではまだ修繕が発生していないため、修繕積立金は修繕工事の対価ではありません。あくまでもマンション管理組合を間に通す間接的な取引であり、対価性がないため、修繕積立金の支払いは不課税取引、すなわち消費税の課税対象とはならないとされています。なお、当然ながら、積み立てた修繕積立金からマンション管理組合が工事業者に支払う修繕費は、直接の対価性があるため、マンション管理組合において課税仕入れに該当します。

区分所有者がマンション管理組合に支払うものとしては他に「管理費」や「駐車場代」があります。管理費はマンション共用部分の管理等に要する費用であり、マンションの維持管理に必要な費用であるため、支払った年の必要経費に算入されます。消費税の課税関係については、管理費をマンション管理組合に管理してもらう対価と考えてうっかり課税仕入れにしてしまいそうですが、修繕積立金と同様に不課税取引とされ、消費税の課税対象にはならないとされています。

マンション管理組合が行う管理業務は、管理組合の構成員である区分所有者の共同の利益のために行う業務であるとはいえ、管理組合の構成員たる地位に基づいて負担するものに過ぎないと認められます。区分所有者が支払う管理費は、何らかの資産の譲渡等の対価として支払っているものではないことから、課税仕入れにすることができないことになります。消費税の課税対象になるかどうかは、マンション管理組合がその構成員に対して行う役務の提供と管理費との間に明白な対価関係があるかどうかによります。

　また、マンション管理組合に支払う駐車場代についても、支払った年の必要経費に算入されますが、消費税は不課税取引とされています。駐車場代が消費税の課税の対象にならないというのは少々違和感がありますが、マンション管理組合は、事業として駐車場の貸付けを行っていないため、消費税の課税対象にはならないものとされています。他方、マンション管理組合が組合員である区分所有者以外の者に駐車場を貸す場合は、事業として貸付けを行うことになるため、消費税の課税対象となります。

　国税庁の質疑応答事例においても、マンション管理組合の課税関係について、下記の通り記載されています。

　マンション管理組合はその居住者である区分所有者を構成員とする組合であり、その組合員との間で行う取引は営業に該当しません。したがって、マンション管理組合が収受する金銭に対する消費税の課税関係は次の通りとなります。

イ　駐車場の貸付け…組合員である区分所有者に対する貸付けに係るものは不課税となりますが、組合員以外の者に対する貸付けに係るものは消費税の課税対象となります。

ロ　管理費等の収受…不課税となります。

　裁判でも判断が示されており（国税不服審判所平成24年11月29日裁決）、区分所有者が支払義務を負う管理費とマンション管理組合が行う管

理業務が対応関係にあるとはいえない、マンション管理組合からの役務提供に対する反対給付に当たらない、として仕入税額控除が否定されています。マンションの所有者が個別に直接業者へ管理を委託した場合は、その管理委託料は当然に課税仕入れに該当します。

事例 **30**

加算税・延滞税

加算税・延滞税は必要経費には算入できない

事例

サラリーマン大家です。本業での長期出張と重なったこともあり、不動産所得の確定申告が期限に間に合わず、4月下旬の申告になってしまいました。

けっこう高額な延滞税になったので、翌年の確定申告で経費に計上したのですが、税務署に認められませんでした。

失敗の
ポイント
　期限後申告になると「無申告加算税」
「延滞税」が課せられますが、これらは
必要経費にはできません。
　ただし、無申告加算税については、
税務署の調査が入る前に自主的に申告
すれば軽減される他、いくつかの要件
を満たせば納付を免除されます。

[解説]

◎無申告加算税

　毎年1月1日から12月31日までの1年間に生じた所得については、翌年2月16日から3月15日（申告期限・納期限が土曜日・日曜日・祝日等の場合はその翌日）までに確定申告を行わなければなりません。

　期限までに申告を行わないと期限後申告となり、「無申告加算税」が課せられます。

　無申告加算税は、納付すべき税額に対して50万円まではその15％、50万円を超える部分についてはその20％の金額です。

　ただし、税務署の調査の連絡を受ける前に自主的に期限後申告をした場合は、無申告加算税は納付すべき税額の5％の金額に軽減されます。

　また、期限後申告であっても無申告加算税が課されずに済むケースがあります。

◎過少申告加算税

　税務署の調査を受けた後に修正申告をしたり、税務署から申告税額の更正を受けた場合、新たに納める税額の他に「過少申告加算税」がかかります。

　過少申告加算税は、追徴課税の税額に対して50万円まではその10％、50万円を超える部分についてはその15％の金額です。

　税務署の調査の連絡を受ける前に自主的に修正申告をした場合は、過少申告加算税はかかりませんが、調査の通知後から調査による更正等の予知がある前に修正申告した場合は、追徴課税の税額に対して50万円まではその5％、50万円を超える部分についてはその10％の金額まで軽減されます。

　また、新たに納める税額は、修正申告を提出する日が納期限となります。この場合、納付の日までの「延滞税」を併せて納付する必要があります。

◎不納付加算税

　源泉所得税などの税額を法定納付期限までに納めないとき、納付すべき税額に対して10％の割合を乗じて課される税金です。給与や報酬などの支払いが発生した場合は、注意が必要です。

　不納付加算税は、納付すべき税額に対してその10％ですが、税務署の調査の連絡を受ける前に自主的に納付した場合は、5％の金額に軽減されます。また、正当な理由がある場合や法定納期限から1ヶ月以内に納付した場合は不適用になります。

◎重加算税

　納税者が税額等の計算の基礎となる事実の全部または一部を仮装・隠蔽した場合、過少申告加算税や不納付加算税の他に「重加算税」がかかる場合があります。重加算税は、納付すべき税額に対してその35％、無申告加算税に代えてその40％の金額です。

ただし、期限後申告等があった場合において、その期限後申告等があった日の前日から起算して5年前の日までの間に、その期限後申告等に係る税目について重加算税を課されたことがあるときは、その期限後申告等に基づき課する重加算税の額は、その期限後申告等に基づいて納付すべき税額に10％の割合を乗じて計算した金額を加算した金額となります。

◎延滞税

　確定した税額を法定納期限までに納めないとき、期限後申告や修正申告をしたときには、納期限の翌日から納付する日までの日数に応じた延滞税が課されます。延滞税は本税だけを対象としており、加算税などに対しては課されません。

　税額は次の通りです。

・法定納期限（期限後申告などの場合は申告書を提出した日）の翌日から
　2ヶ月以内
　　　……年「7.3％」と「特例基準割合＋1％」のいずれか低い割合。具体
　　　　的には、平成30年1月1日から令和2年12月31日までの期間は
　　　　年2.6％。

・それ以後
　　　……年「14.6％」と「特例基準割合＋7.3％」のいずれか低い割合。具
　　　　体的には平成30年1月1日から令和2年12月31日までの期間
　　　　は年8.9％。

（※特例基準割合＝各年の前々年の10月から前年の9月までの各月における銀行の新規の短期貸出約定平均金利の合計を12で除して得た割合として各年の前年の12月15日までに財務大臣が告示する割合に、年1％の割合を加算した割合）

　よく考えれば当然ですが、これらは必要経費にはできません（※延納許可を得ている場合の利子税は認められます）。

本税の額に10,000円未満の端数があるときは、これを切り捨てて計算します。計算した延滞税の額に100円未満の端数があるときは、これを切り捨てて納付することになります。

[図] 加算税・延滞税一覧

加算税の税目	項目	税率
無申告加算税	自主的な期限後申告	5％
	納税額のうち50万までの部分	15％
	納税額のうち50万を超える部分	20％
過少申告加算税	自主的な修正申告	―
	追徴課税と50万とのいずれか多い金額までの部分	10％
	追徴課税と50万とのいずれか多い金額を超える部分	15％
不納付加算税	法定納期限から1ヶ月以内にされた一定の期限後の納付	―
	自主的な納付	5％
	税務署からの告知を受けての納付	10％
重加算税	過少申告加算税に代えて課されるもの	35％ （45％）
	不納付加算税に代えて徴収されるもの	35％ （45％）
	無申告加算税に代えて課されるもの	40％ （50％）

※（　）は、期限後申告等があった日前5年以内に同じ税目に対して無申告加算または重加算税を課された場合

事例

31

勤め先への住民税の通知

勤め先に内緒にしたければ
確定申告で「住民税の普通徴収」を選ぶ

事例

サラリーマン大家です。不動産経営を始めたことを会社に知られたくなかったので黙っていたところ、なぜか、会社に知られてしまいました……。どうして知られてしまったのでしょうか。

 失敗の
ポイント

もし前年度に給与所得以外の所得がある場合には、その所得も合わせた金額に対する住民税が市区町村から会社に通知されるため、副業による所得の変化にも気づかれてしまいます。

個人住民税（市区町村民税と道府県民税）は、1月1日現在で納税義務者の居住する市区町村が徴収します。

　その納付方法は2種類あります。

　1つは、個人が自分で納付する「普通徴収」。市区町村から送付される納税通知書によって、年4回で分納します。

　もう1つは、勤務先が従業員に代わって市区町村に納付する「特別徴収」です。6月から翌年5月までの毎月の給与から天引きします。

　アパート経営が勤務先に知られてしまうのは、副業である不動産所得が入ってきたときに、住民税の金額が変わってくるからです。

　従業員は、給与所得に関して普通徴収を選ぶことはできません（所得税の源泉徴収義務のある事業主は個人住民税の特別徴収をする義務がある）。

　ただし、不動産所得など給与所得以外に対する住民税については、確定申告書の所定箇所を選択することにより、普通徴収にすることができます。

　会社に不動産所得を秘密にしておきたければ、確定申告書の第二表にある「給与・公的年金等に係る所得以外の所得に係る住民税の徴収方法の選択」という欄で、「自分で納付（＝普通徴収）」を選びます。

　こうしておけば、不動産所得にかかわる分の住民税については、基本的に会社には通知されません。

　ただし、人的なミスなどで会社に知られるケースもないとは言えませんが……。

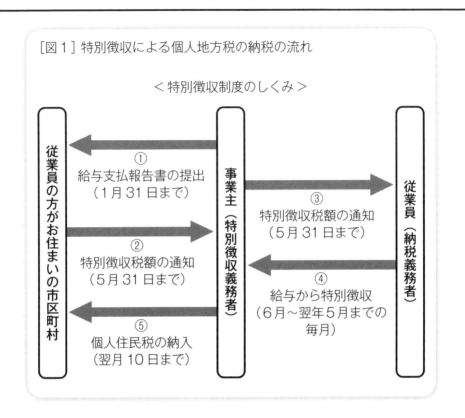

[図1] 特別徴収による個人地方税の納税の流れ

＜特別徴収制度のしくみ＞

従業員の方がお住まいの市区町村

① 給与支払報告書の提出
（1月31日まで）

② 特別徴収税額の通知
（5月31日まで）

⑤ 個人住民税の納入
（翌月10日まで）

事業主（特別徴収義務者）

③ 特別徴収税額の通知
（5月31日まで）

④ 給与から特別徴収
（6月〜翌年5月までの
毎月）

従業員（納税義務者）

［図2］所得税確定申告書B第二表

[図3] 特別徴収による個人地方税の納税の流れ

1．個人住民税とは

個人住民税とは、1月1日現在お住まいの市区町村で課税、徴収される税金です。

2．納付方法

納付方法は2種類です。

1.「普通徴収」。個人が自分で納付する制度です。

2.「特別徴収」。勤務先が従業員に代わって市区町村に納付する制度です。**6月から翌年5月までの毎月の**給与から天引きします。

3．個人住民税の徴収方法の選択

不動産所得など給与所得以外に対する個人住民税については、確定申告書の所定箇所を選択することにより、普通徴収にすることができます。

個人住民税の徴収方法を選択できるのは、給与所得以外の所得（不動産所得、雑所得等）です。バイトやパートでの収入は、特別徴収の対象になってしまいます。

4．実際の確定申告書での徴収方法の選択

確定申告書の第二表にある「給与・公的年金等に係る所得以外の所得に係る住民税の徴収方法の選択」という欄で、「自分で納付（＝普通徴収）」を選びます。

○住民税に関する事項

給与・公的年金等に係る所得以外（平成
27年4月1日において65歳未満の方
は給与所得以外）の所得に係る住民税
の徴収方法の選択

給与から差引き

自分で納付

どちらかに○を記入 ─────

5. 普通徴収のメリット

①不動産所得等の副業が会社に知られることはありません。

②前納報奨金制度の活用

　基本的には廃止の方向ですが、一部の地方団体にはまだ前納報奨金制度があるようです。

　前納報奨金とは、普通徴収の個人住民税を、第一期の納期限内に全期分を一括して納付した場合等に一定の割合で交付するもので、地方税法及び市区町村の条例に基づく制度です。

　特別徴収（給与天引き）の場合は、前納報奨金制度の適用はありません。

32

給与所得との損益通算

不動産所得の赤字は給与所得と損益通算できる

事例

　サラリーマン大家です。給与所得が約800万あります。

　昨年副業でアパート経営を始めたのですが、不動産所得は赤字だったので、確定申告をしませんでした。そのため、給与所得との損益通算ができず、余分に税金を払うことになってしまいました。

**失敗の
ポイント**

不動産所得の赤字を給与所得と損益
通算すれば所得税を減らすことができ
ます。

申告期限後でも、還付の申告は所得
のあった年の翌年1月1日から5年後
の12月31日まで行うことができま
す。

もし、医療費控除等で給与所得だけ
申告して不動産所得の申告をしていな
かったとしても、同様に5年後の12
月31日まで更正の請求をすることに
よって税金の還付を受けられます。

[解説]

勤め人（給与所得者）でも、年間収入が2000万円を超える場合や、給与
所得と退職所得以外の所得が合計で20万円を超える場合は、確定申告が
必要です。

この事例では、給与所得が約800万円で、不動産所得が赤字ですから、
確定申告をする必要はありません。

しかし、不動産所得の確定申告をして、給与所得と損益通算をすれば、
全体の所得を下げることができるため、所得税が安くなります。

[図1] 給与所得と不動産所得の損益通算の例

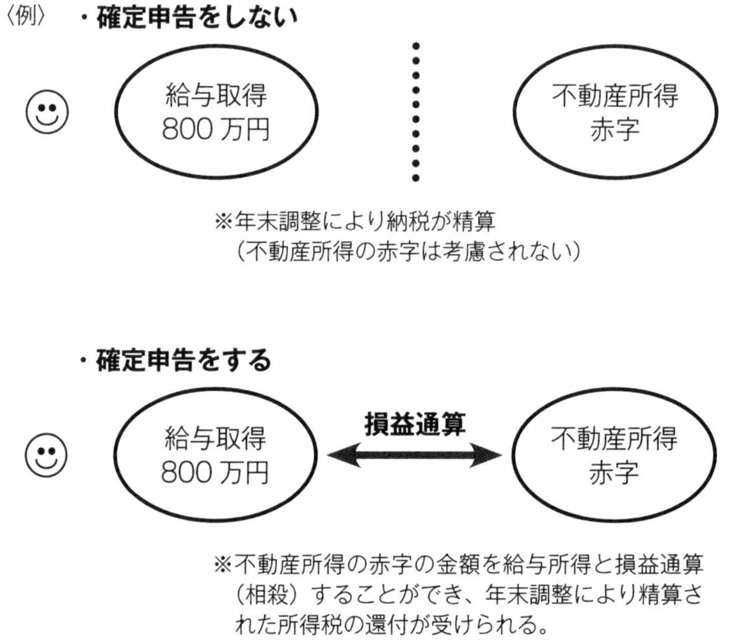

〈例〉 ・確定申告をしない

(・・) 給与取得 800万円 ┊ 不動産所得 赤字

※年末調整により納税が精算
（不動産所得の赤字は考慮されない）

・確定申告をする

(・・) 給与取得 800万円 ←損益通算→ 不動産所得 赤字

※不動産所得の赤字の金額を給与所得と損益通算
（相殺）することができ、年末調整により精算さ
れた所得税の還付が受けられる。

（損益通算）

　各種所得金額の計算上生じた損失のうち一定のもの（不動産所得、事業所得、一定の譲渡所得、山林所得）についてのみ、一定の順序にしたがって、総所得金額、退職所得金額または山林所得金額等を計算する際に他の各種所得の金額から控除すること。

（損益通算できない所得）

　不動産所得の金額の計算上生じた損失の金額のうち、別荘等の生活に通常必要でない資産の貸付けに係るもの等の損失の金額は、その損失が生じなかったものとみなされ、他の各種所得の金額から控除することはできま

せん。

（更正の請求手続き）

　確定申告期限後に申告書に書いた税額等に誤りがあったことを発見した場合や確定申告をしなかったために決定を受けた場合などで、申告等をした税額等が実際より多かったときに正しい額に訂正することを求める場合の手続きです。

（更正の請求書の提出時期）

　国税に関する法律の規定に従っていなかった場合またはその計算に誤りがあった場合は、法定申告期限から５年以内。

　ただし、確定申告の必要のない方が確定申告の必要があるとした場合の法定申告期限後に、還付を受けるための申告をしている場合はその提出した日から５年以内です。

[図2] 更正の請求書

令和＿＿年分所得税及び復興特別所得税の更正の請求書

税務署受付印

＿＿＿＿＿＿税務署長

＿＿年＿＿月＿＿日提出

| 住所 | （〒　－　　） | | 個人番号 | |
| フリガナ氏名 | | ㊞　職業 | 電話番号 | |

令和　　年分所得税及び復興特別所得税について次のとおり更正の請求をします。

請求の目的となった申告書又は処分の種類		申告書を提出した日、処分の通知を受けた日又は請求の目的となった事実が生じた日	年　　月　　日
更正の請求をする理由、請求をするに至った事情の詳細等			
添 付 し た 書 類			

請求額の計算書（記載に当たっては、所得税及び復興特別所得税の確定申告の手引きなどを参照してください。）

		申告し又は処分の通知を受けた額	請 求 額			申告し又は処分の通知を受けた額	請 求 額
総合課税の所得金額		円	円	税額	⑭ に 対 す る 金 額	円	円
					⑮ に 対 す る 金 額		
					⑯ に 対 す る 金 額		
					計		
	合　　　計 ①				配 当 控 除投 資 税 額 等 の 控 除		
※	②				（ 特 定 増 改 築 等 ）住宅借入金等特別控除		
※	③				政党等寄附金等特別控除		
所得から差し引かれる金額	社 会 保 険 料小規模企業共済等掛金 控除 ④				住宅耐震改修特別控除住 宅 特 定 改 修 ・ 認 定住 宅 新 築 等 特 別 税 額 控 除		
	生 命 保 険 料地 震 保 険 料 控除 ⑤				差 引 所 得 税 額		
	寡婦・寡夫・勤労学生、障害者 控除 ⑥				災 害 減 免 額		
	配 偶 者 （ 特 別 ） 控 除 ⑦				再 差 引 所 得 税 額（ 基 準 所 得 税 額 ）		
	扶 養 控 除 ⑧	人	人		復 興 特 別 所 得 税 額		
	基 礎 控 除 ⑨				所得税及び復興特別所得税の額		
	④から⑨までの計 ⑩				外 国 税 額 控 除		
	雑 損 控 除医療費（特例）控除 ⑪				源 泉 徴 収 税 額		
	寄 附 金 控 除 ⑫				申 告 納 税 額		
	合　　　計 ⑬				予 定 納 税 額（ 第 1 期 分 ・ 第 2 期 分 ）		
課税される所得金額	① に 対 す る 金 額 ⑭			第3期分の税額	納 め る 税 金		
	② に 対 す る 金 額 ⑮				還 付 さ れ る 税 金		
	③ に 対 す る 金 額 ⑯			加算税	申 告 加 算 税		
					重 加 算 税		

千円未満の端数は切り捨ててください。

（署名押印）（電話番号）税理士㊞

赤字の場合は0と書いてください。

黒字の場合、百円未満の端数は切り捨ててください。

※　②、③の各欄は、「分離短期譲渡所得」、「分離長期譲渡所得」、「一般株式等の譲渡所得等」、「上場株式等の譲渡所得等」、「上場株式等の分離配当所得等」、「先物取引の分離雑所得等」、「山林所得」、「退職所得」を記載してください。

還付される税金の受 取 場 所	（銀行等の預金口座に振込みを希望する場合）　　銀　　行　　　　　　　　　　　　　本店・支店　　金庫・組合　　　　　　　　　　　　　出　張　所　　農協・漁協　　　　　　　　　　　　　本所・支所　　　　　預金　口座番号＿＿＿＿＿＿＿＿	（ゆうちょ銀行の口座に振込みを希望する場合）貯金口座の記 号 番 号　　　－（郵便局等の窓口受取りを希望する場合）

税務署欄	通信日付印の年月日	確認印	整 理 番 号	番号確認	身元確認	確認書類 個人番号カード ／ 通知カード・運転免許証 その他（　　　）	一連番号
	年　月　日		0		□ 済 □ 未済		

01.12

186　　　　　　〈事例32〉給与所得との損益通算

事例 33

半年滞納された家賃の扱い

滞納された家賃は「未収入金」として所得に計上する

事例

アパート（10部屋）を経営しています。入居者の一人が半年間家賃を滞納しました。話し合いの末、事情を考慮して入金を待つことにしましたが、その2ヶ月分の未納分を収入から外して計上したところ、後日、それは「未収入金」として計上するべき課税対象であると知人から教えられました。

**失敗の
ポイント**

滞納中の家賃も課税対象になります。その場合、「未収入金」として所得に計上します（発生主義）。

家賃を滞納している入居者がいる場合の確定申告は、家賃が振り込まれ
ていなくても、未収入金として計上することになります。その後、完全に
払えないことが確定した時点で損金として必要経費に計上します。

（現金主義）

　現金主義会計を採用している場合は、家賃が払われた段階で収入に計上
できます。

　ただし、現金主義による所得計算の特例を受けることのできる届出書を
提出できる者は、青色事業者で前々年の所得が300万円以下の小規模事業
者に限られますので注意が必要です。

（小規模事業者）

　事業専従者給与の額や事業専従者控除額を必要経費に算入する前の、2
年前の事業所得と不動産所得の金額の合計額が300万円以下である個人事
業者。

（現金主義のメリット）

　記帳が簡単

（現金主義のデメリット）

　売掛金や買掛金の残高がわからない。

　青色申告特別控除は10万円となる。

　現金主義の所得計算の特例を選択した場合は、前々年の所得金額が300
万円以下でその年の3月15日までに取りやめ届出書を提出していない場
合には、仮に発生主義による方法によって記帳していても、この年は青色
申告特別控除の65万円を受けることはできません。

［図１］ 現金主義による所得計算の特例を 受けることの届出書

税務署受付印 | 1 1 3 0

現金主義による所得計算の特例を 受 け る こ と の 届 出 書

_____ 税 務 署 長

_____年_____月_____日提出

納 税 地	住所地・居所地・事業所等（該当するものを○で囲んでください。） （〒 － ） （TEL － － ）
上記以外の 住 所 地 ・ 事 業 所 等	納税地以外に住所地・事業所等がある場合に記載します。 （〒 － ） （TEL － － ）
フ リ ガ ナ 氏 名 ㊞	生 年 月 日 大正 昭和 平成 年 月 日生 令和
職 業	フリガナ 屋 号

令和____年分の所得税から、「現金主義による所得計算の特例」の適用を受けることとしたので
届けます。

1 この特例の適用を受けようとする年の前々年分の所得（前年12月31日現在で記載します。）

(1) 不動産所得
の 金 額_____円 ＋ 青色事業専
従者給与額_____円 ＝ _____円（赤字のときは０）

(2) 事 業 所 得
の 金 額_____円 ＋ 青色事業専
従者給与額_____円 ＝ _____円（赤字のときは０）

(3) (1) ＋ (2) ＝ _____円

2 この特例を受けようとする年の前年12月31日（年の中途で開業した人は、その開業の日）現在の
売掛金、買掛金等の資産負債の額（裏面の記載欄に記載します。）

3 その他参考事項

(1) 備付帳簿名 イ 現金式簡易帳簿 ロ その他

(2) その他

関与税理士 （TEL － － ）	税 務 署 整 理 欄	整 理 番 号 0			関係部門 連 絡	A	B	C
		通 信 日 付 印 の 年 月 日 年 月 日		確認印				

［図2］現金主義による所得計算の特例を
　　　受ける事の取りやめ届出書

<table>
<tr><td>税務署受付印</td><td></td><td colspan="4" style="text-align:right;">1　1　4　0</td></tr>
</table>

税務署受付印

◯

現金主義による所得計算の特例を
受けることの取りやめ届出書

_____税務署長

　　　年　　月　　日提出

納　税　地	住所地・居所地・事業所等（該当するものを◯で囲んでください。） （〒　　－　　　） 　　　　　　　　　　　　　　　　　　　　（TEL　　－　　　－　　　）
上記以外の 住所地・ 事業所等	納税地以外に住所地・事業所等がある場合は記載します。 （〒　　－　　　） 　　　　　　　　　　　　　　　　　　　　（TEL　　－　　　－　　　）
フ　リ　ガ　ナ 氏　　　名　　　　　　　　　　　　　　㊞	生年月日　大正・昭和・平成・令和　　年　月　日生
職　　　業	フリガナ 屋　号

　令和____年分の所得税から、現金主義による所得計算の特例の適用を取りやめることとしたので届けます。

1　この特例の適用を受けた最初の年の前年の 12 月 31 日（年の中途で開業した人は、その開業の日）現在の
　売掛金、買掛金等の資産負債の額
　　先に提出した「現金主義による所得計算の特例の適用を受けることの届出書」に記載した額と同じ額を記
　載します。

売掛金、買掛金等の資産負債の額（　　年　　月　　日現在）			
資　　　産		負　　　債	
売　掛　金 （未収入金を含む。）	円	買　掛　金	円
受　取　手　形		支　払　手　形	
棚　卸　資　産		前　受　金	
前　払　費　用		未　払　費　用	
		引当金 準備金	
計		計	

2　その他参考事項（取りやめる事情など）

関与税理士 　　　　　　（TEL　　－　　　－　　　）						
税務署整理欄	整　理　番　号	関係部門連絡	A	B	C	
	0｜　｜　｜｜　｜｜					
	通信日付印の年月日 　　　年　　月　　日	確認印				

34

共有名義の
アパートの預金通帳

共有名義のアパートの預金通帳は定期的な精算が必要

事例

　アパートの購入に際して、名義を夫1人または
夫婦共有のどちらにする方がよいか知人に相談し
たところ、夫婦共有名義にした方が、収入を分散
することができるとアドバイスを受け、アパート
の名義を夫妻で各々2分の1にして登記をしまし
た。

　家賃収入は夫名義の預金通帳に振り込まれてい
ましたが、毎年の確定申告は、収入を夫婦で各々
2分の1に按分し申告を行っていました。

　購入後15年が経ち、妻が亡くなり相続税の申
告をすることとなりました。妻の相続財産として、
アパートの持分2分の1と妻名義の預金を計上し
ましたが、その後税務調査が入りアパート収入が
振り込まれる夫名義の預金のうちの一部は、妻の

預金であると指摘を受け修正申告することとなりました。

失敗のポイント

　定期的に夫名義の預金通帳から、アパート収入に関する妻の持分相当額の預金を、妻名義の預金通帳に振り替えることを失念していました。

　税務署からの指摘を受け、15年間の預金通帳を確認しようとしましたが、既に古い通帳は処分済みで、金融機関に預金の異動明細書を依頼しましたが過去10年分のみしか発行できず15年分の預金通帳の入出金を確認することができませんでした。

　さらに、処分せずに保管していた夫名義の預金通帳を確認したところ、家賃収入、固定資産税や火災保険料の支払いの他、夫の公的年金の振り込みや生活費としてのクレジットカードの支払い等もあり、夫名義の預金通帳の残高のうち、いくら妻の預金が含まれているのかわからない状況になっていました。

［解説］

　相続税の申告をする可能性のある方は、将来税務調査が入った場合は古い通帳が役に立つケースがありますので、処分せずに保管しておくとよいでしょう。

　アパートの名義が夫婦共有の場合であっても、借主からの家賃は、代表者の預金通帳に振り込まれることとなります。預金通帳の名義は夫であっても、その中には妻の預金も含まれているため、定期的に夫から妻へ預金の精算をする必要があります。

　さらに、アパート経営のための専用の預金通帳をつくり、その預金通帳の入出金はアパート経営に関する収入と支出のみとすれば、預金通帳の残高を持分相当額で精算することが容易となります。

参考文献

・『保険税務Q&A 七訂版』、保険税務事例研究グループ（編）、税務研究会出版局、2014年10月

・『減価償却資産の取得費・修繕費 改訂第六版』、河手 博・成松洋一（共著）、税務研究会出版局、2012年4月

[ウェブサイト]

・国税庁「タックスアンサー・質疑応答事例」

・法務局

・国税不服審判所「公表裁決事例集」

辻・本郷 税理士法人

平成14年4月設立。東京新宿に本部を置き、日本国内に60以上の拠点、海外5拠点を持つ、国内最大規模を誇る税理士法人。

税務コンサルティング、相続、事業承継、医療、M&A、企業再生、公益法人、移転価格、国際税務など各税務分野に専門特化したプロ集団。弁護士、不動産鑑定士、司法書士との連携により顧客の立場に立ったワンストップサービスと、あらゆるニーズに応える総合力をもって多岐にわたる業務展開をしている。

https://www.ht-tax.or.jp/

〈監修者〉
徳田 孝司

公認会計士・税理士。辻・本郷 税理士法人 理事長。

昭和55年、監査法人朝日会計社(現 あずさ監査法人)に入社。昭和61年、本郷会計事務所に入所。平成14年4月、辻・本郷 税理士法人設立、副理事長に就任し、平成28年1月より現職。

著書に『スラスラと会社の数字が読める本』(共著、成美堂出版)、『いくぜ株式公開「IPO速解本」』(共著、エヌピー通信社)、『精選100節税相談シート集』(共著、銀行研修社)他多数。

〈執筆者〉

新田敏彦／菅原雅枝／吉田雅人／川邊知明／林 大範／
柳 翠／橋本和也／渡辺悠貴／宮崎勝也／山田篤士／
井口真兵／森真由美／内藤智之／山口秀樹／
高田尚輝／藤 正宏／桐山礼司／横田美保／硯 一晃／
宮本泰博／山元亮太／平原 誠／桃野紗登美／
栗原宮紀／熊谷直美／清水祐樹／田中敬人／中村 優

税理士が見つけた！
本当は怖い
アパート経営の失敗事例34

2021年3月3日 　　初版第１刷発行

監修　　　　　　徳田孝司
編著　　　　　　辻・本郷 税理士法人
発行者　　　　　鏡渕　敬
発行所　　　　　株式会社 東峰書房
　　　　　　　　〒160-0022 東京都新宿区新宿4-3-15
　　　　　　　　電話　03-3261-3136　FAX　03-6682-5979
　　　　　　　　https://tohoshobo.info/
装幀・デザイン　小谷中一愛
印刷・製本　　　株式会社　シナノパブリッシングプレス